W0197633

Dieses Buch ist ein Transkript aus einer Original-Vortragsserie auf Hindi, die Osho vor einer internationalen Zuhörerschaft gehalten hat. Alle Diskurse Oshos sind als vollständige Bücher publiziert worden und auch als Audios und / oder Videos erhältlich. Audios und das vollständige Text-Archiv finden Sie unter der Online-Bibliothek „Osho Library" bei: www.osho.com

Titel der Hindi Original Ausgabe: *Shunya Ki Nav*

Titel der englischen Ausgabe: *Silence – The Messsage of your Being*

1. Auflage 2018

Umschlaggestaltung: Bunda S. Watermeier, www.watermeier.net

Übersetzung: Nirvano Spohr

Copyright © 1979, 2016 OSHO International Foundation

www.osho.com/copyrights

Copyright © 2018 Innenwelt Verlag GmbH, Köln

www.innenwelt-verlag.de

Alle Rechte vorbehalten

OSHO® ist eine registrierte Handelsmarke der Osho International Foundation, Schweiz, lizensiert durch diese. www.osho.com/trademarks

Druck: CPI books, Leck

Printed in Germany

ISBN 978-3-942502-95-5

Silence

Eine Pilgerreise in
dein innerstes Sein

innenwelt verlag

Inhalt

Einführung

[handschriftliche Notiz am oberen Rand: Die Leere verweist auf die immerwährende Quelle des Kosmos]

Die Existenz ist nur in absolutem Schweigen zu erkennen. Aber damit ist durchaus kein totes Schweigen gemeint – nicht die Friedhofsstille, sondern die Stille eines Gartens, in dem Vögel zwitschern und Bienen summen und Blumen aufblühen, wo alles lebendig ist.

Die Stille, die man durch Meditation, durch agnosia kennenlernt, ist eine lebendige Stille. Sie ist voller Gesang, voller Musik, voller Melodien, voller Freude, voller Liebe – leer von allen Gedanken. Selbst der Gedanke an Liebe, der Gedanke an Freude, der Gedanke ans Schweigen ist abwesend. Doch Freude ist anwesend, Liebe ist anwesend. Der Gedanke an Liebe ist nicht anwesend. Tatsächlich meint ihr nur dann zu lieben, wenn keine Liebe da ist. Ihr meint nur dann euch zu freuen, wenn ihr euch nicht freut. Wenn ihr euch wirklich freut, denkt ihr nie an Freude.

Der Verstand liefert euch nur Ersatz. Da ihr freudlos seid, gaukelt euch euer Verstand Freude vor. Da ihr nicht wisst, was Liebe ist, liefert euch der Verstand endlos Definitionen von Liebe. Wer liebt, dessen Verstand hat nichts damit zu tun; der tritt einfach nur ab. Wer wirklich schweigt, dessen Stille ist nicht leer, sondern so etwas wie die Abwesenheit von allem. Sie ist vielmehr voll, ja übervoll – dermaßen voll, dass sie überfließt – nicht von Gedanken, sondern von echten Erfahrungen. Und das ist die Offenbarung des Geheimnisses.

Osho
Theologica Mystica

1

Die eigentliche Pilgerreise findet in dir statt

Meine Freunde,

Es gibt eine uralte Geschichte ...

Ein Kaiser hatte nur noch wenige Tage zu leben und machte sich große Sorgen; nicht etwa, weil er starb, sondern um seine drei Söhne. Einer von ihnen sollte sein Thronfolger werden, nur konnte er sich nicht entschließen, welcher. Ihm war klar, dass es besser ist, jemandem Macht zu geben, der mit sich im Frieden ist. Nur: Wie konnte er feststellen, wer von seinen Söhnen sich als sein Nachfolger eignete und wer nicht? Nicht alles im Leben ist von außen zu ermessen, aber alles, was im Leben wichtig ist, lässt sich weder mit einer spezifischen Methode noch Messlatte beurteilen. Manches lässt sich von außen beurteilen, nur nicht das, was wirklich zählt im Leben. Wie also auswählen, wie das herausfinden, wie sich entscheiden?

Der Kaiser fragte einen Weisen um Rat, der eine bestimmte Methode vorschlug. Am nächsten Morgen rief er seine Söhne zu sich, gab jedem hundert Rupien mit dem Auftrag: „Jeder von euch hat bereits seinen eigenen Palast. Jetzt habt ihr hundert Rupien von mir bekommen. Mit diesem Geld müsst ihr euren Palast restlos ausfüllen, sodass es absolut keinen leeren Raum mehr gibt. Derjenige, der das am besten hinkriegt, wird der nächste König werden."

Mit lausigen hundert Rupien? Jeder Sohn besaß einen riesigen Palast. Der Erstgeborene dachte: „Wie soll ich den gesamten Palast mit etwas füllen, das nur hundert Rupien wert ist?" Er ging in ein Spielcasino. „Vielleicht", dachte er, „werde ich so viel gewinnen, dass ich damit meinen Palast voll kriege – denn mit nur hundert Rupien ist das nicht drin." Leider ist es im Glücksspiel meist so, dass man sein ganzes Geld verliert und mit leeren Händen heimgeht. So auch hier: Der Jüngling verlor seine hundert Rupien und ging heim. Der Palast blieb, wie er war.

Der zweite Prinz fand ebenfalls, dass hundert Rupien nicht ausreichten; mit so wenig Geld konnte er seinen großen Palast nicht mit Diamanten und Edelsteinen füllen. Als Lösung für diese Aufgabe fiel ihm nur ein, den gesamten Tagesabfall der Stadt zu kaufen und damit seinen Palast zu füllen. Und so geschah es: Sein Palast wurde zur Abfallgrube. Und stank bestialisch! Selbst die Fußgänger auf der Straße mussten sich die Nase zuhalten.

Der dritte Prinz füllte seinen Palast ebenfalls.

Am Schicksalstag erschien der Kaiser mit seinen Schiedsrichtern zur Inspektion. Der Palast des ersten Prinzen war leer; er sagte: „Verzeih mir. Hundert Rupien sind zu wenig, also wollte ich es beim Glücksspiel vermehren, um meinen Palast standesgemäß zu füllen. Doch ich hatte Pech; ich verlor mein Geld, und so konnte der Palast nicht gefüllt werden."

Als der Kaiser den Palast des zweiten Prinzen inspizierte, wurde allen speiübel: Was für ein unerträglicher Gestank! Der ganze Palast war voller Mist. Der Prinz bemerkte kleinlaut: „Ich hatte keine andere Wahl; ich konnte nur Mist kaufen. Was kriegt man auch schon für hundert Rupien?" Zuletzt besuchte der Kaiser mit

seinen Schiedsrichtern den Palast des jüngsten Prinzen, des dritten. Die Richter waren erstaunt, einfach fassungslos! Der ganze
Palast war von einem betörenden Duft erfüllt. Da es eine Neu-
mondnacht war, schimmerte der ganze Palast im Kerzenlicht.

Der Kaiser fragte: „Womit hast du deinen Palast gefüllt?" Der
Prinz erwiderte höflich: „Ich hab ihn mit Licht illuminiert!"
Wohin man auch schaute – in jedem Winkel flackerte eine Ker-
zenflamme. Der gesamte Palast war voller Licht. Die Luft war
voller Duft, und über jeder Tür und in jedem Fenster hingen
Blumen. Der gesamte Palast war von Licht und Duft überflutet.
Selbstverständlich wurde der dritte Prinz zum nächsten Kaiser
auserkoren.

Es ist sogar noch schwerer, Herrscher unseres eigenen Lebens zu
sein. Gewöhnlich verspielen wir unser Leben. Bei jedem Einsatz
hoffen wir auf Gewinn, auf dass wir unser Leben genießen können. Doch wie stets beim Glücksspiel verlieren wir immer nur.
Am Ende unseres Lebens stehen unsere Paläste leer.

Manche von uns beschließen, ihr Leben mit Mist auszufüllen; wir
kaufen immerzu für unsere Paläste wertloses Zeug. Wir sammeln
Abfall, der sich letztlich als wertlos, sinnlos erweist. Angesichts
unseres kurzen Lebens und unserer so begrenzten Energie ist es
nur logisch, dass wir den Palast unseres Lebens nicht mit Juwelen
und Diamanten füllen können. Da uns so wenig Energie beschieden ist, können wir unsern Palast nur mit Mist füllen. Und
so sammeln wir ständig Mist. Nur merken wir gar nicht, dass uns
der Gestank in unsern Palästen nicht gestattet, in ihnen zu leben –
das ist ausgeschlossen.

Woher dieses Chaos, all die Probleme, so viel Enttäuschung? Diese Enttäuschung und das Chaos sind weder vom Himmel, noch vom Mond oder den Sternen gefallen. Sie kommt nirgendwoher, sondern wir selber haben unsere Paläste mit Mist vollgestopft. All das Chaos, all der Frust, all das Elend stammt aus derselben Quelle – infolge unseres eigenen Tun und Lassens, wurde es von uns selber verursacht, es ist das Ergebnis unserer eigenen Bemühungen. Die ersten beiden Prinzen stecken in uns. Und in uns ist kein Platz für den dritten Prinz – derjenige, der seinen Palast mit Licht und Duft füllt.

Ich habe euch hierher eingeladen, an diese abgelegene Meeresküste, um euch in den nächsten drei Tagen zu ermutigen, euren Palast aufzuhellen, mit Blumen zu schmücken und ihn zum Duften zu bringen. Wenn ihr das fertigbringt, könntet ihr vielleicht auf euren inneren Schatz stoßen. Wer weiß? Vielleicht sind wir ja nur zu diesem Zweck auf der Erde? Wer weiß, wer von uns diesen Lebenstest bestehen wird?

Eines steht fest: Es gibt ein paar Leute, die sich mit Licht füllen werden. Sie werden im Palast ihres Lebens duften; sie werden ihr Leben melodisch gestalten. Wenn es denn so etwas wie das Göttliche gibt, wenn es irgendwo Glückseligkeit gibt, wenn es irgendwo Herrlichkeit gibt, dann haben diese Leute Anspruch darauf.

Ich beginne die drei Tage deswegen damit, euch diese Geschichte zu erzählen, damit der Palast eures Lebens nicht leer zu bleiben braucht, damit er nicht voller Mist zu sein braucht, damit er voller Licht werden kann, durchströmt von Musik und überflutet von Duft. Wie ist dies möglich? Heute Abend werde ich euch die ersten Schritte zeigen, und während der nächsten drei Tage werden wir versuchen, diesen Schritten gemäß zu leben.

Wie könnt ihr euren Palast mit Licht füllen? In den nächsten drei Tagen werde ich euch ein paar Hinweise geben; ich werde euch die wissenschaftlichen Schritte verraten, die da möglich sind. Noch davor, heute Abend, werden wir versuchen, ein paar Dinge zu klären, wie es ablaufen wird, wie wir die nächsten drei Tage in diesem Meditation Camp verbringen werden.

Wir sollten uns vor allem Eines klarmachen: Wenn wir es schaffen, auch nur drei Minuten lang richtig zu leben, wird dies unser gesamtes Leben verändern. Wer schon ein paar Schritte in diese Richtung gemacht hat, der auch nur einen Augenblick zur Glückseligkeit gelangt ist, wird es in späteren Jahren unmöglich vergessen können. Wir brauchen unsere Augen nur einmal zu öffnen und um uns sehen, um sie nie wieder schließen, verirren oder uns blind stellen zu können.

Drei Tage können ziemlich lang werden. Da ihr euch drei Tage freigenommen habt, um herzukommen, heiße ich euch willkommen, danke ich euch. Wer ist heutzutage schon dazu bereit, drei Tage damit zu verbringen, sein Leben mit Licht zu füllen?!

Ein Kaufmann wollte, um Millionen zu verdienen, in alle Welt segeln. Seine Freunde rieten: „Dein Schiff ist uralt und das Meer ist sehr stürmisch. Das wird eine höchst gefährliche Reise, dein Schiff könnte kentern. Lerne wenigstens noch zu schwimmen!"

Der Kaufmann erwiderte: „Dazu hab ich einfach keine Zeit mehr."

Seine Freunde sagten: „Dazu gehört nicht viel Zeit. Hier im Ort wohnt ein ausgezeichneter Schwimmer. Der könnte dir das Schwimmen in nur drei Tagen beibringen."

Der Kaufmann wehrte ab: „Das mag ja stimmen, aber wo soll ich drei Tage hernehmen? In den drei Tagen wechseln Millionen von Rupien die Hand. Ich werde das Schwimmen lernen, wenn ich Zeit hab."

Seine Freunde ließen nicht locker: „Du wirst ständig in großer Gefahr leben, da du die meiste Zeit auf dem Schiff verbringst. Jeden Tag kann was passieren, und du kannst nicht mal schwimmen!"

Der Kaufmann darauf: „Ihr wisst, dass ich keine Zeit erübrigen kann. Wenn ihr irgendwelche anderen Tricks kennt, wie ich mich retten kann, sagt mir bitte Bescheid."

Seine Freunde schlugen vor: „Du kannst mindestens zwei leere Tonnen bereithalten. Wenn es so weit ist, kannst du dich mit ihnen über Wasser halten."

Der Kaufmann nahm zwei leere Tonnen mit. Sie standen neben seinem Bett. Und tatsächlich brach unverhofft ein Sturm aus und das Schiff begann zu sinken. Der Kaufmann rief: „Wo sind meine Tonnen?" Seine Matrosen fanden, die könne er selber suchen – schließlich standen sie neben seinem Bett!

Die Matrosen sprangen ins Meer, sie waren ja gute Schwimmer. Der Kaufmann fand seine Tonnen, doch gleich daneben standen zwei weitere Tonnen voller Goldmünzen, die er unbedingt behalten wollte! Was also tun? Sollte er die leeren oder die vollen Tonnen nehmen? Das Schiff sank. War es nicht egal, überlegte er, ob er die vollen oder die leeren Tonnen mitnahm? Also sprang er mit den vollen.

Ihr werdet euch denken können, was mit ihm geschah. Er konnte ja keine drei Tage erübrigen, um das Schwimmen zu lernen.

Ich freue mich, dass *ihr* drei Tage erübrigen könnt. Er hätte mit den leeren Tonnen springen können, aber er zog die vollen vor. Er ging immer in die Vollen, das war er so gewohnt. Er war nicht bereit, auch nur einen einzigen Augenblick leer zu sein.

In den nächsten drei Tagen werde ich euch verraten, wo die leeren Tonnen stehen. Sie sind nützlich, wenn ihr über einen Fluss schwimmen müsst. Wenn ihr allerdings das Meer des Lebens, das Meer der Existenz überqueren müsst, dann ist es ratsam, selbst leer zu werden. Je leerer ihr in euch drinnen werdet, desto besser könnt ihr im Meer des Lebens, im Meer der Existenz schwimmen.

Leider betrachten wir uns selber als Müllhalden. Die einen stopfen sich mit Gold voll, andere mit Ton, wieder andere mit Kieseln, manche mit Diamanten und Edelsteinen. Aber das macht keinen Unterschied: Egal, womit die Tonnen gefüllt sind, sie werden trotzdem untergehen.

Seine Tonnen voll Gold konnten den Kaufmann nicht retten. Während er unterging, wird er zu ihnen gesagt haben: „Meine armen Tonnen, ich hab euch mit Gold gefüllt, und trotzdem habt ihr mich nicht retten können. Ich hätte euch auch mit Ton füllen können, und trotzdem geht ihr unter." Aber die Tonnen hätten nicht zugehört – denn volle Tonnen verstehen nur unterzugehen, statt im Wasser zu treiben. Es spielt keine Rolle, womit sie gefüllt sind. Es spielt keine Rolle, womit wir uns vollgestopft haben. Wir betreiben immer nur unsern Untergang und pfeifen darauf, Schwimmen zu lernen. Religiosität ist die Kunst zu schwimmen.

Alles, was wir bisher im Leben gelernt haben, führt zu unserm Untergang. Wie also soll unser Boot des Lebens jenes unbekannte Ufer erreichen – die Küste, die man das Göttliche nennt, die Gott genannt wird oder Wahrheit genannt wird? Wie?

Doch zunächst noch in paar Dinge vorweg. Ich werde immer wieder gefragt:

„Worum geht es eigentlich in diesem Meditation Camp?"

Erst gestern, ich war kaum eingetroffen, wollte jemand das wissen. Ich erwiderte ihm: *„Satsang* – der Wahrheit begegnen – findet nur für den statt, der bereit ist hinzuhören, zuzuhören, der ein Sucher ist." Dieses Meditation Camp ist für all die gedacht, die praktizieren wollen, die Sucher sind, die nicht nur zuhören, sondern auch wissen wollen, was zu tun ist. Leute, die nur herkommen, um zuzuhören, sind hier fehl am Platz. Ich habe oft genug selber eure Städte besucht, also hättet ihr mir dort schon zuhören können. Da es damit aber noch nicht getan ist, habe ich euch in einen fernen Ort eingeladen. In der hiesigen Einsamkeit ist so manches möglich.

In den nächsten drei Tagen geht es mir weniger ums Zuhören. Macht euch klar, dass ihr in den nächsten drei Tagen *praktizieren* werdet. Ihr mögt euch noch so richtig ausdrücken können – nur durch Zuhören und Auswendiglernen wird keine Revolution in eurem Leben zustande kommen. Es hat zwar sein Gutes, ein paar unnütze Wörter zu kennen, weil ihr euch dann nicht vormachen könnt, etwas gewonnen zu haben, nur weil ihr sie gehört habt. Wenn ihr etwas hört, das Wert hat, könnt ihr leicht der Illusion erliegen, etwas gewonnen zu haben, etwas Wichtiges erreicht zu haben. Aber durch bloßes Hören ist nichts zu erreichen.

Ein Sucher muss von vornherein Folgendes verstehen: Er muss etwas tun, er muss etwas sein. Er muss seine Lebensweise transformieren, er muss seinen Lebensstil ändern. Denn nur dann, wenn er sein Dasein revolutioniert, kann etwas geschehen. Ansonsten geschieht nichts. Es bringt nichts, einfach nur Zuhörer zu sein. Zuhören ist Unterhaltung: Die einen beglückt es, wenn sie Musik lauschen; die anderen beglückt es, wenn sie der Wahrheit, etwas Existenziellem lauschen. Auf die Art kann man sich ein Weilchen vergessen.

Ihr müsst tatsächlich etwas tun, um euer Leben zu verwandeln. Alles, was ich in den nächsten drei Tagen zu euch sage, geschieht in der Absicht, eine aktive Transformation in euch auszulösen. Das hier kann eine grundlegende Veränderung bewirken. Nur auf mich gestellt, kann ich keine solche Transformation bewirken. Ich brauche eure uneingeschränkte Kooperation; nur dann wird es unweigerlich passieren.

Das als Erstes: Dieses Meditation Camp ist für euch eine Gelegenheit, euer Dasein zu transformieren. Es kann euer Leben aktiv revolutionieren, umbauen, neu erfinden. Dies ist keine Gelegenheit für bloßes Zuhören, Nachdenken, Überlegen, Vernünfteln, vielmehr eine blendende Gelegenheit, eurem Leben eine neue Gestalt, eine neue Dimension, einen Neuanfang zu eröffnen. Wenn dieser Punkt klar verstanden wird, dann werdet ihr in den nächsten drei Tagen aufhören, euch ausführlich über das, was ich sage, zu unterhalten. Unterlasst es also bitte, Zeit damit zu verlieren, über das, was ich sage, nachzudenken und es abzuwägen. Streitet euch bitte nicht über das, was ich sage. Experimentiert lieber mit dem, was ich sage.

Drei Tage sind eine sehr kurze Zeit. Es führt zu nichts, sie mit

Nachdenken und Diskussionen zu verplempern. Ihr müsst euch auf ein paar Experimente einlassen, denn das, was ich sage, kann euch nur klar werden, indem ihr selbst experimentiert. Ein kleiner Schritt in Richtung dessen, was ich hier sage, genügt bereits, um euch die Bedeutung klarer zu machen. Wenn ihr immer nur nachdenkt, abwägt oder miteinander streitet, wird euch nichts klar werden. Nicht nur das, sondern damit verfehlt ihr es, kommt euch das Wenige abhanden, das ihr bisher verstanden habt.

Es gibt gewisse Dinge im Leben, die nur zu erkennen und zu verstehen sind, indem man sie selber erfährt. Versucht mal, einem Blinden zu erklären, was Licht ist – er wird es nicht verstehen können. Aber wenn man seine Sicht wiederherstellt, dann wird er auch ohne Erklärung genau verstehen, was Licht ist. Ihr seid gegenwärtig in der Lage jenes Blinden: Man kann etwas unternehmen, um ihm die Augen zu öffnen, aber man kann unmöglich erklären, was Licht ist.

Wie können eure Augen geöffnet werden? Wie ist das zu bewerkstelligen? Macht euch bitte ganz klar: Wir sind hier beisammen, um etwas zu tun und nicht nur, um mir zu lauschen oder darüber nachzudenken. Nur wenn euch klar ist, dass der Weg geräumt werden muss, habt ihr mich richtig verstanden. Euer Haus steht in Flammen! Wenn ich den Leuten sage, dass ihr Haus brennt, und sie erst anfangen darüber nachzudenken, ob das auch stimmt, wie ich das wohl gemeint habe, was ich damit wohl beabsichtige, werden sie kaum noch das Feuer löschen können. Wenn ich sage, dass euer Haus brennt, halte ich keine Predigt, äußere ich keine philosophische Vermutung, sondern will damit sagen, dass ihr das Haus dringend verlassen müsst, fordere ich euch auf, euch was einfallen zu lassen, wie ihr schnellstmöglich da rauskommt.

„Euer Haus brennt!" ist weder eine These noch eine Debatte, noch ein Streitgespräch, noch ein philosophischer Schluss, sondern nur eine Warnung. Diese Warnung gilt denen, die bereit sind zu handeln, aus dem Haus zu springen. Alles, worüber ich in den nächsten drei Tagen sprechen werde, dient dazu, etwas in euch auszulösen. Bitte vergesst das nicht.

Begreift bitte, dass meine Worte euch dazu anspornen sollen, euch aktiv in die Richtung dessen zu bewegen, was ich sage. Es ist eine Einladung. Meine Feststellungen sind nicht fürs Zuhören, Verstehen oder Philosophieren gedacht. Es handelt sich um eine neue Auffassung von meditativer Praxis, um den Wesenskern meditativer Disziplin.

Zweitens: Nichts wird einfach nur deshalb geschehen, weil wir uns an diesem abgelegenen Ort zu einem Meditation Camp getroffen haben. Alles hängt davon ab, was wir vorhaben: Wozu haben wir uns versammelt? In was für einem inneren Zustand befinden wir uns? Wie stehen wir dazu? So viele Freunde sind hier; einige werden diese äußerst kostbare Chance zu nutzen wissen, andere mögen sie restlos verfehlen. Wir sind es gewöhnt, ein sinnloses Leben zu führen. Bitte gewöhnt euch das in diesen drei Tagen ab.

Zuhause seid ihr eine bestimmte Person. Hört zumindest in diesen drei Tagen auf, diese Person zu sein. Unsere Gewohnheiten sind sehr mechanisch. Immer, wenn ihr morgens aufsteht, sucht ihr sofort nach einer Zeitung. Wenn ihr hier ebenfalls sofort nach dem Aufstehen eine Zeitung braucht, würde ich sagen, dass ihr noch nicht hier angekommen seid, sondern noch da, wo ihr herkommt, weil ihr euch noch genauso verhaltet. Ihr wollt euer Zuhause hierher verpflanzen, ihr wollt weiter so leben wie daheim, hier dieselbe Lebensweise beibehalten wie dort. Ihr wollt eure tägliche Routine abspulen – doch die ist leider mechanisch. Eure Gewohnheiten sind mechanisch; ihr haltet euch an dasselbe Muster. Ihr müsst dieses Muster aufgeben.

Versucht, in diesen drei Tagen wie ein neuer Mensch zu leben und euer Innerstes im Auge zu behalten. Achtet darauf, nicht dieselben Rahmenbedingungen, dieselben Verhaltensweisen wie daheim herzustellen. Wenn ihr euch hier genauso verhaltet, heißt das, dass ihr tatsächlich noch immer daheim seid. Dann ist es reine Zeitverschwendung, hierher zu kommen. Als ihr daheim wart, war das in Ordnung, dann hätte es nichts ausgemacht, wenn eure Gewohnheiten weitergegangen wären wie zuvor.

Vergesst nicht: Wer so auf seine tägliche Routine festgelegt ist, dass er sie keinen Fingerbreit verlassen kann, wird niemals eine spirituelle Revolution erleben. Er bleibt dermaßen verschlossen und verschanzt, dass er nicht genug Mumm hat, rauszukommen. Er will es lieber gar nicht erst versuchen. Das ist so, als würde sich ein Baum in einem Saatkorn verstecken, aus dessen Schale er nicht auszubrechen wagt. Ein solches Saatkorn kann niemals sprießen, kann sich niemals zum Himmel recken, kann niemals blühen.

Wir alle sitzen starr und steif im Kerker unserer Gewohnheiten. Achtet hier vor allem darauf, euch von diesen Fesseln zu befreien. Gewiss, jeder hat eine ganze Reihe kleiner Gewohnheiten, ein eigenes Repertoire an belanglosen Verhaltensmustern, und schon eine winzige Angewohnheit kann die Seele einsperren.

Ich hatte mal einen Freund, der ein berühmter Anwalt war. Er hatte sich angewöhnt, immer dann, wenn er sich bei einem

Plädoyer auf einen entscheidenden Punkt konzentrieren musste, mit einem Knopf an seiner Jacke zu spielen. Sobald er mit dem Knopf spielte, konnte er freier denken und kamen ihm frische Einfälle. Einmal hatte er einen leichten Fall vor Gericht, dass er den Sieg schon in der Tasche zu haben schien. Doch der gegnerische Anwalt hatte seine Angewohnheit bemerkt, sobald es gefährlich wurde, mit dem Kopf an seiner Jacke zu spielen. Daraufhin bestach er den Chauffeur meines Freundes, ihm diesen Knopf abzuschneiden.

Der Verteidiger, seine Jacke über die Schulter geworfen, betrat den Verhandlungssaal. Er zieht sie an und hält sein Plädoyer. An einer heiklen Stelle griff seine Hand nach dem Jackenknopf. Aber wo war der Knopf? Sofort standen ihm Schweißtropfen auf der Stirn. Er verlor die Kontrolle über seine Arme und Beine, hielt sich an der Stuhllehne fest und musste sich setzen. Und verlor den Fall! Später erzählte er mir, wie überrascht er gewesen sei, dass ein kleiner Knopf so eine Auswirkung haben konnte. Konnte ein winziger Knopf so eng mit dem Gehirn verbandelt sein? Konnte ein Mensch sich dermaßen von einem Knopf versklaven lassen, dass das Chaos ausbrach, als er ihn verlor?

Wir alle sind in dieser Hinsicht Sklaven. Wenn wir unserm Leben eine andere Richtung geben wollen, dann müssen wir all unsere Gewohnheiten ausrotten. Egal, ob es nur ein Knopf ist oder was auch immer. Bitte bemüht euch in den nächsten drei Tagen ganz bewusst, in diese Richtung zu gehen. Passt auf, dass ihr nicht in dieselben Verhaltensmuster zurückfallt. Während ihr hier seid, braucht ihr weder Zeitung zu lesen noch Radio zu hören oder die Zeit mit Klatsch totzuschlagen. Lasst eure Gewohnheiten in diesen drei Tagen ruhen. Wenn es unter uns Ehepaare gibt, braucht ihr nicht darauf zu bestehen, eure eheliche Beziehung zur Schau zu stellen. Lasst die Gefühle, deren Gefangene ihr daheim wart, lieber drei Tage lang dort. Denn sonst werdet ihr weder euer Zuhause verlassen noch restlos hier sein können.

Es ist einfach, irgendwohin zu pilgern, doch die wahre Pilgerreise spielt sich in euch ab. Dieses Meditation Camp findet nicht in Nargol statt. Wenn dem so wäre, wärt ihr längst eingetroffen. Aber das Meditation Camp wird in euch stattfinden. Eure Pilgerreise geht erst los, wenn ihr im Zustand totaler Bewusstheit seid. Ansonsten können uns Züge überall hinbringen, können uns Straßen überall hinbringen – doch auf eine Reise weg von uns selber können sie uns nicht bringen. Wir nehmen uns immer selber mit. In diesem Meditation Camp ist es wesentlich, dass ihr euch zu Hause lasst. Falls das noch nicht geschehen ist, holt das bitte jetzt nach.

Verhaltet euch bitte in diesen drei Tagen wie ein anderer Mensch – einer, der keine Angewohnheiten oder Verhaltensmuster hat. Versucht, euch eure eigenen Verhaltensmuster, die euch bereits fest im Griff haben, ein wenig bewusst zu machen. Wir haben uns angewöhnt, den ganzen Tag über ununterbrochen zu reden, immerzu weiterzureden; kein Gedanke daran, sich mal still hinzusetzen. Uns ist nicht bewusst, dass alle, die immerzu reden, niemals die höchste Wahrheit finden können. Das bleibt nur denen vorbehalten, die die Stille zu schätzen wissen. Niemand ist je durch jemand anders zur Wahrheit gelangt, und niemand kann sich selber zur höchsten Wahrheit führen, es sei denn, er kennt die Bedeutung von Stille. Wir aber tun nichts anderes, als rund die Uhr zu reden. Und falls wir mal die Gelegenheit haben ein Weilchen still zu sein, scheint uns die Stille selber nur Probleme zu machen: Uns wird mulmig, wie wir die Zeit rumkriegen können.

Bitte experimentiert mal drei Tage lang mit der Stille. Haltet so viel wie möglich den Mund. Sagt nur das Allernötigste, im Telegrammstil, so als ob ihr für jedes Wort zahlen müsstet. Wer ein Telegramm schickt, macht keine Bandwurmsätze. Er lässt alle unnötigen Wörter weg und begnügt sich mit nur zehn oder vielleicht acht. Er kürzt jedes unnötige, überflüssige Wort. Ein Telegramm mit acht Worten kann mehr ausrichten als ein Brief mit achttausend. Wenn nur notwendige Wörter benutzt werden, wird das Telegramm konzentrierter und wesentlicher, hat es mehr Dringlichkeit und Durchschlagkraft. Je mehr Wörter man braucht, desto mehr verringert sich ihre Wucht, Schärfe und Bedeutung.

Man kann, indem man mithilfe einer Lupe die Sonnenstrahlen bündelt, Feuer entfachen. Je weiter sich die Sonnenstrahlen verteilen, desto weniger können sie zünden. Wenn ihr die Kunst zu schweigen erlernt, entfalten eure Worte eine magische Energie. Ein einziges Wort kann genug Energie hervorbringen, um Feuer zu entfachen.

Wir aber reden ohne Ende, egal worüber, rund um die Uhr. Wir reden über Dinge, die unwichtig sind, die unnütz sind, die niemandem helfen werden. Aber wir reden weiter. Nehmt euch für diese drei Tage vor, kein unnötiges Wort über die Lippen kommen zu lassen. Ihr werdet überrascht feststellen, dass nur ganz wenige Wörter unentbehrlich sind. Da es so wenige davon gibt, dürfte es euch nicht schwerfallen, stundenlang nur zu schweigen. Tatsächlich werdet ihr große Mühe haben, auch nur ein paar wesentliche Wörter zu finden.

Vielleicht ist euch Laotse ja schon ein Begriff … Laotse hat vor zweitausendfünfhundert Jahren in China gelebt. Er machte jeden

Tag einen Morgenspaziergang, und dabei begleitete ihn immer einer seiner Freunde. Sobald er kam, begrüßte er Laotse. Nach etwa einer halben Stunde erwiderte Laotse schließlich seinen Gruß. Das war alles, was sie sagten – nur zwei Begrüßungen. Nachdem sie etwa zweieinhalb Stunden durch die Berge gewandert waren, kehrten sie heim.

Einmal brachte der Freund einen Gast mit, und so brachen sie zu dritt zum Morgenspaziergang auf. Unterwegs rief der Gast aus: „Was für ein herrlicher Morgen! Was für eine schöne Jahreszeit!" Die anderen beiden schwiegen jedoch. Daraufhin zog es auch der Gast vor zu schweigen.

Kaum waren sie wieder heimgekehrt, flüsterte Laotse seinem Freund ins Ohr: „Bring bitte von morgen an deinen Gast nicht mehr mit. Er scheint sehr redselig zu sein. Dass es ein schöner Morgen war, sahen wir schließlich selber. Wozu es also laut sagen? Das war nicht nötig. Wir waren doch alle zugegen, um die Schönheit des Morgens zu genießen. Warum es also noch sagen? Bitte bring diesen Schwätzer nicht wieder mit."

Macht euch bitte den Unterschied klar zwischen dem, was wesentlich ist, und dem, was unwesentlich ist. Fragt euch bei allem, was ihr tut, ob es wesentlich ist oder nicht. Wenn euch in diesen drei Tagen auffällt, dass ihr im Gehen unnötig redet, dann hört auf der Stelle damit auf. Brecht mitten im Satz ab. Entschuldigt euch dafür, einen Fehler gemacht zu haben – ihr habt unnötigerweise geredet, aus reiner Gewohnheit.

In diesen drei Tagen solltet ihr das Schweigen beobachten. Setzt euch still an diesen geheimnisvollen Strand. Die Bäume hier sind dermaßen schön ... setzt euch unter sie. Plaudert nicht, weder mit eurer Frau noch mit einem Freund. Sprecht aber durchaus die Bäume, das Meer an. Bleibt in diesem Camp vollkommen allein.

Denkt an diesen dritten Punkt – das Gefühl, allein zu sein: „Ich bin allein, und nicht unter sechshundert Leuten. Auf dem Weg, den ich eingeschlagen habe – zur Meditation, zur meditativen Lebensweise –, kann mich niemand begleiten."

Diesen Weg geht jeder allein. Der Weg zum Göttlichen ist nicht für die Masse gedacht; diesen Weg kann nur einer nach dem anderen zurücklegen. Hier sind wir alle miteinander allein. Als Wahrheitssucher hast du keine Verbindung zur Masse. Es gibt hier zwar viele Leute, aber jeder muss die Erfahrung machen, dass er total allein ist. Hier ist niemand bei dir; in diesen drei Tagen musst du so leben, als wärst du total allein. Suche keinen Anschluss. Suche nicht nach deinem Freundeskreis. Sag nicht, dass du unbedingt mit einem Freund zusammen sein musst. Hier gibt es niemanden außer dir, dir selber.

Heutzutage ist die Masse das Hauptproblem. Auf Schritt und Tritt ist jeder von anderen umgeben. Hier dagegen seid ihr total allein. Probiert in diesen drei Tagen mal aus, total allein zu sein, in völliger Abgeschiedenheit zu leben. Allen, die in der Masse bleiben, bleibt die Tür immer verschlossen. Die Tür öffnet sich nur für den, der die Fähigkeit hat, allein zu bleiben. Wenn ihr heut Abend zu Bett geht, behaltet dieses Gefühl des Alleinseins bei. Schlaft, als wärt ihr total allein. In diesem riesigen Gelände gibt es niemanden außer dir. Wickelt euch im Schlaf in eine Decke stillen Alleinseins. Und wenn ihr morgen früh aufsteht, haltet dieses Gefühl totalen Alleinseins in euch lebendig.

In Wahrheit ist der Mensch allein. Wir werden allein geboren und wir sterben allein. Dazwischen haben wir eine gewaltige Masse vor Augen. Das gibt uns das Gefühl, dass jemand bei uns sei. Körper berühren Körper, also meinen wir, jemand sei bei uns. Worte werden gewechselt, also meinen wir, jemand sei bei uns. Aber niemand ist bei irgendeinem anderen. Auf dieser Reise ist man total allein. Niemand leistet einem andern Gesellschaft.

Lasst den Gedanken, dass ihr total allein seid, wenigstens diese drei Tage lang tief in euch einsinken. Die Erinnerung hieran wird eine starke Auswirkung auf euch haben; dann wird sich in euch jedes Mal, wenn euch einfällt, dass ihr total allein seid, ein mysteriöses Schweigen ausbreiten. Zur Kommunikation kommt es erst, wenn jemand anders bei euch ist; zu einer Beziehung kommt es erst, wenn der andere da ist. Streit, Freundschaft, Feindschaft entsteht nur, wenn der andere existiert. Es ist also nicht verwunderlich, dass euch, wenn ihr total allein seid, ein reines Schweigen überwältigt.

Schweigen ist der Schatten des Alleinseins. Lasst in diesen drei Tagen das Gefühl des Alleinseins bis in euer Innerstes sinken. Unterbrecht nicht das Schweigen der anderen. Brecht nicht das Schweigen eines anderen. Wenn jemand ruhig unter einem Baum sitzt, nähert euch ihm nicht. Selbst wenn ihr euch zufällig jemandem nähert, geht sofort weiter. Gebt jedem die Chance allein zu sein. Denkt daran.

Wenn ihr es schafft, in diesen drei Tagen euer Alleinsein mit aller Intensität zu erleben, dann wird in eurem Innern eine Transformation stattfinden. Um dieser Transformation willen sind wir hier. Bitte haltet euch stets vor Augen: „Ich bin total allein, absolut allein, vollkommen allein. Ich bin mutterseelenallein."

Es gab einmal einen erleuchteten Meister namens Gurdjieff; der machte einmal in einer kleinen Stadt folgendes Experiment. Er versammelte dreißig Leute in einer kleinen Hütte und teilte ihnen mit: „Ihr seid jetzt nicht mehr dreißig Leute. Jeder von euch hier ist allein. Jeder muss die Erfahrung machen, dass er allein ist. Dieses Experiment wird drei Monate dauern, und denkt bitte nicht, dass noch irgendjemand anders hier ist; die anderen neunundzwanzig Leute sind Luft für euch: Nur du bist hier. Sprecht nicht, seht einander nicht einmal an, da man sich auch mithilfe der Augen mit jemandem unterhalten kann. Bitte vergesst, dass noch irgendwer sonst hier ist. Seit allein, restlos allein."

Während dieses dreimonatigen Experiments wurden diese Leute in einen total neuen Zustand versetzt. In diesem dreimonatigen Experiment machten sie eine Erfahrung, die manchem nicht einmal gelingt, der fünfzehn Leben lang an sich gearbeitet hat. Innerhalb jener drei Monate wurden sie vollkommen still. Da „der andere" nicht existierte, war es ausgeschlossen, mit irgendwem zu reden. Wenn niemand anders existiert, hat nicht mal der Verstand Lust zu reden. Im Allgemeinen unterhalten wir uns nur im Kopf, aber auch dafür müssen wir an irgendwen denken, müssen wir ihn, muss uns unsere Vorstellungskraft das Bild des Betreffenden liefern. Wir können uns nur im Geiste unterhalten, wir müssen das Bild unseres Gegenübers vor Augen haben – auch wenn niemand da ist.

In ihrer Vorstellung hielten sie das Gefühl lebendig: „Ich bin total allein." Binnen drei Monaten ließen sie diesen Gedanken bis in ihr Innerstes sinken. Alle Wörter verschwanden spurlos, jegliche Kommunikation versiegte, jegliches Denken stand still. In jenem Zustand ohne Gedanken legten sie ihr Innerstes frei.

Solange wir immerzu mit dem andern plaudern, kann uns nicht bewusst werden, was in uns verborgen liegt. Wenn wir das „Ich" in uns verstehen wollen, müssen wir das „Du" loswerden. Wir müssen uns von dem andern trennen, uns von ihm abwenden. Solange wir an das „Du" gebunden sind, kann uns das „Ich" nicht bewusst werden. All unsere Blicke, unsere Augenbewegungen, unsere Orientierung sind auf den andern gerichtet. Wir verbringen vierundzwanzig Stunden am Tag mit dem andern. Wir drehen uns um den andern, umwandern ihn. Das ist der Grund, warum wir uns nicht verstehen. Um uns selbst zu verstehen, ist Alleinsein erforderlich. Dazu ist eine Haltung von totalem Alleinsein, ein Gefühl von totalem Alleinsein notwendig.

Es gab einmal einen buddhistischen Mönch namens Bodhidharma. Eines Morgens kam ein junger Mann zu ihm und sagte: „Ich will wissen, wer ich bin." Bodhidharma war ein sehr freundlicher und mitfühlender Mensch; wie mitfühlend, wird gleich deutlich werden. Bodhidharma gab dem jungen Mann eine saftige Ohrfeige! Der war verdattert und rief: „Was soll das? Ich hab dich doch nur gefragt, wer ich bin, und dann schlägst du mir brutal ins Gesicht!" Sprach's, stand auf und ging.

Danach besuchte er einen andern Mönch und erzählte ihm, was geschehen war: „Man hatte mir den großen Meister Bodhidharma empfohlen. Ich ging hin und stellte ihm eine Frage, woraufhin er mich ohrfeigte."

Der Mönch erwiderte: „Bodhidharma ist sehr mitfühlend. Willst du mir jetzt etwa dieselbe Frage stellen? Wenn ja, lass mich erst meinen Stock holen."

Der junge Mann war schockiert und ging.

Im Fortgehen versuchte er zu verstehen, was die Ohrfeige bedeuten mochte. „Warum hat mich Bodhidharma geohrfeigt?", dachte er. „Damit hat er nur seiner Hand wehgetan, mehr nicht. Also muss das etwas anderes bedeuten."

Am nächsten Morgen ging der junge Mann zu Bodhidharma zurück und setzte sich vor ihn. Bodhidharma sagte: „Also bist du wiedergekommen. Willst du mich etwa wieder dasselbe fragen? Wenn ja, werde ich dich erneut ohrfeigen. Und selbst wenn du es heute nicht tust, werde ich dich ohrfeigen. Was also hast du auf dem Herzen?"

Das verwirrte den jungen Mann so, dass er kein Wort über die Lippen brachte. Da musste Bodhidharma lachen. Er sagte: „Du Narr! Du hast mich gefragt: ‚Wer bin ich?'. Wenn du das irgendwen fragst, wirst du niemals eine Antwort bekommen. Und falls du doch eine bekommst, wird sie völlig verkehrt sein. Wie kann irgendein anderer so eine Frage beantworten? Die Antwort auf diese Frage muss aus deinem Innern kommen. Darum habe ich dich so brutal geohrfeigt. Vielleicht konnte dich meine Ohrfeige ja wieder zur Vernunft bringen. Ich hab dich geohrfeigt, um dich auf dich selber zurückzuwerfen. Ich hab versucht, dich zu dir selbst zurückzubringen."

Wer zu sich selbst zurückkehrt, mag verstehen, wer er ist. Zu verstehen, wer du bist, heißt, die Wahrheit zu verstehen – und wer die Wahrheit versteht, wird im Palast seines Lebens Licht und Duft verbreiten.

Ich werde mein Bestes geben, um dich zu dir selber zurückzuführen. Ich bin nicht so nett, dich zu ohrfeigen, aber ich werde nichts unversucht lassen, um sicherzustellen, dass du zu dir selbst zurückkehrst. Und dafür ist es hilfreich, den andern zu vergessen. Hier gibt es keinen „andern". Gib den andern auf, vergiss, dass er da ist.

Aus diesem Grund ist es leicht, mit einem Baum, mit einem Berg, mit dem Meer eins zu sein. Warum? – weil der Baum dann für dich nicht mehr der andere ist, das Meer für dich nicht mehr der andere ist. Dieses Problem stellt sich nur in menschlichen Beziehungen. Unter Menschen existiert stets das Du.

Darum lautet mein Rat, euch ans Meer zu setzen, zumindest ein Weilchen. Das Meer wird euch auf euch selbst zurückwerfen, denn dort existiert der andere nicht. Setzt euch an einen Baum. Der Baum wird euch auf euch selbst zurückwerfen, denn dann existiert der andere nicht. Zum Problem wird das nur unter Menschen; die bloße Existenz eines anderen Menschen macht ihn für euch anziehend. Ihr seid nur deswegen nicht bei euch, weil euch ein anderer anzieht.

Der Tag ist nicht fern, da ihr genauso bei jemandem sitzen könnt, wie ihr am Meer sitzt. Wenn ihr fähig seid, auf die Art bei jemandem zu sitzen, werdet ihr ins Innere des Betreffenden sehen können. Ihr werdet etwas sehen können, dass in keinem Vogel, in keinem Meer zu sehen ist. Ihr werdet das gewaltigste Mysterium sehen, das Mysterium des Lebens in diesem Menschen. Doch dafür werdet ihr euch gewissen Mühen unterziehen müssen. Der Tag wird kommen, da ihr fertigbringen werdet, so neben jemandem zu sitzen, als würde er nicht existieren. Doch jener Tag wird nicht gleich morgen dämmern. Damit das geschehen kann, werdet ihr bestimmte Anstrengungen machen müssen, werdet ihr bestimmte Situationen herstellen müssen.

An diesen drei Tagen werdet ihr diese Anstrengungen machen. Habt an diesen drei Tagen das Gefühl: „Ich bin total allein." Forscht bitte nach diesem Alleinsein. Setzt euch still hin und meditiert über die drei Punkte, die ich euch genannt habe.

Wenn ihr gleich zu Bett geht, schlaft, als wärt ihr allein auf dieser riesigen Welt, als wärt ihr allein auf dieser Erde, allein unter diesen Sternen. Es ist niemand sonst da. Sinkt schweigend immer tiefer in dieses Gefühl des Alleinseins, und schlaft langsam ein. Wenn ihr am Morgen aufwacht, werdet ihr in einem ungewohnten Zustand sein – nämlich im Zustand des Alleinseins.

Ein Sucher ist immer allein. Er hat weder einen Gefährten noch einen Freund. Er gehört weder der Gesellschaft noch einer Sekte an. Vollständig allein muss er den Weg zum Tempel des Göttlichen zurücklegen.

An diesen drei Tagen werde ich versuchen, euch in die Richtung des Alleinseins zu schicken. Aber ohne eure Kooperation ist nichts möglich. Ihr könnt euch nicht vorstellen, wie einfach dieser Vorgang ist, wenn ihr mit ganzem Herzen kooperiert. Doch wenn ihr nicht kooperiert, wird der Vorgang schwierig, unmöglich sein – nicht nur schwierig, sondern unmöglich.

Lasst mich euch eine Anekdote erzählen, bevor ich gleich dieses Gespräch beende. Danach kehrt schweigend zurück und geht zu Bett. Redet nicht, wenn ihr weggeht von hier. Sprecht mit niemandem. Geht schweigsam. An diesen Tagen werde ich beobachten, ob ihr plaudert, ob ihr klatscht. Schweigt, seid so still wie möglich. Verhaltet euch an diesen drei Tagen, als hättet ihr die Sprache verloren, als wärt ihr taubstumm geworden, als kämen euch keine Wörter über die Lippen, als wären eure Lippen versiegelt.

Einst konnte ein König es gar nicht erwarten, der Musik eines berühmten *Veena*-Virtuosen zu lauschen. Er schickte seinen Boten mit der Einladung zu ihm, bei Hofe zu erscheinen, da der König wünsche, ihn auf seinem Saiteninstrument spielen zu hören. Er sei bereit, jede beliebige Summe für die Aufführung zu bezahlen.

Der Musiker erwiderte, der König wisse offenbar nicht, dass man gute Musik nicht auf Befehl aus dem Ärmel schütteln könne. Er fuhr fort: „Vielen Dank für die Einladung. Da der König es wünscht, meiner Musik zu lauschen, bin ich gern bereit, ihm etwas auf der *Veena* vorzuspielen. Aber das wird wohlgemerkt weder die *Veena* noch der Musiker sein, dessen Spiel der König zu hören wünscht. Wenn er eine Vorführung fordert, will ich irgendwann bei Hofe erscheinen, aber der König wird warten müssen; heute geht es jedenfalls nicht. Wann immer ich in der richtigen Stimmung bin, wann immer meine Beine und mein Geist mich zu ihm führen, werde ich kommen."

Der König wusste nicht, was er davon halten sollte, genauso wenig wie seine Höflinge. Zum ersten Mal ging ihm der Unterschied zwischen einem Befehl und einer Bitte auf. Um alles, was im Leben wichtig, lohnenswert ist, kann man nur bitten, ja beten. Alles, was man „auf Befehl" bekommt, ist wertlos. Aber wenn man andächtig ist, muss man warten. Ein Befehl kann sofort, sogar noch im selben Moment ausgeführt werden.

Der König verstand: Wenn der Musiker auf Befehl bei Hofe erschiene, seine *Veena* auf Befehl spielte, wäre das nicht die Art von Musik, die ihn erfreute. Er wollte unbedingt authentischer Musik lauschen, also fragte er seinen Hofmusiker nach einem Ausweg.

Der Hofmusiker sagte: „Es gibt einen Ausweg. Da der Musiker nicht zu uns kommen kann, können wir zu ihm gehen."

Der König fragte: „Macht es denn einen Unterschied, ob der Musiker herkommt oder wir zu ihm gehen?"

Der Hofmusiker erwiderte: „Majestät, das macht einen gewaltigen Unterschied. Man muss sich anstrengen, um das zu bekommen, was einem wichtig im Leben ist. Man kann nicht erwarten, dass es einem in den Schoß fällt, während man daheim sitzt. Man muss ihm ein paar Schritte entgegengehen."

Das sah der König ein. Der *Veena*-Spieler war ein Fakir, ein armer Mann, der Lumpen trug. Darum konnten sie, dem Hofmusiker zufolge, im Hause des Musikers nicht in königlichen Gewändern erscheinen. Andernfalls wäre man wieder in derselben Lage wie zuvor. Also schlug er dem König vor, gewöhnliche Kleider zu tragen. Der König fragte: „Was ist denn an diesen Kleidern so problematisch? Wir wollen doch nur seiner Musik lauschen – da spielt es doch keine Rolle, was wir anhaben!" Da widersprach der Hofmusiker: „Das spielt sehr wohl eine Rolle. In Königsgewändern bist du stets und überall der König. Dann kann die Musik, die wir gern hören möchten, nicht gespielt werden. Man darf sich dem, was im Leben wertvoll ist, nicht als König, sondern nur als Bettler nähern. Du musst mit bettelnden Händen zu ihm gehen, und in deinem Königsgewand darfst du nicht betteln. Das ist für den Thron gedacht; damit kannst du dich nicht vor diesem armen Musiker in den Staub setzen."

Der König sah dies ein und legte gewöhnliche Kleider an. Zu zweit gingen sie zum Haus des Musikers. Es war Abend, und die Nacht brach herein. Der Hofmusiker hatte seine eigene *Veena* mitgebracht, sie setzten sich beide vor der Tür auf den Boden. Der Hofmusiker begann, auf seiner *Veena* zu spielen. Er war ein Könner und spielte eins seiner Lieblingsstücke. Obwohl er es ziemlich gut beherrschte, machte er absichtlich ein paar Fehler.

Da machte der Musiker seine Haustür auf und fragte: „Wer spielt da? So darf man das nicht spielen!" Der Spielende sagte demütig: „Das ist alles, was ich kann. Ich spiele es so, wie ich es gelernt habe. Wenn jemand mich korrigieren kann, bin ich immer bereit dazuzulernen." Da holte der Fakir seine eigene *Veena* und begann zu spielen. Dem König verschlug es die Sprache!

Als er geendet hatte, sagte der König: „Vielleicht erkennst du mich nicht wieder. Ich bin der König, der dich zu sich gerufen hat. Endlich habe ich dich spielen gehört."

Der Musiker darauf: „Diese Situation ist aber auch eine vollkommen andere. Jetzt hast mir weder befohlen, noch habe ich dich um einen Gefallen gebeten. Du selbst hast es so eingefädelt ... hast eine Situation hergestellt, in der ich gar nicht umhin konnte zu spielen. Mir ist nicht befohlen worden zu spielen."

Wenn du dich der Tür Gottes näherst, geschieht etwas Ähnliches. Niemand hat es dir befohlen, dorthin zu gehen. Wenn du gehst, musst du in andächtiger Stimmung sein. Du darfst dich ihm nicht wie ein prächtiger König nähern, sondern als Armer. Du musst es in aller Bescheidenheit tun – „arm im Geiste", wie Christus immer gesagt hat. Du darfst nicht hochfahrend sein. Du musst als hilfloser, demütiger, bestrebter Bettler vor der Tür Gottes stehen. Du musst zu beten anfangen, egal wie du es zustande bringen kannst. Du musst anfangen auf deiner *Veena* zu spielen, auf deine eigene, seltsame Art, so gut du es eben kannst. Und dann wird sich die Tür des großen Virtuosen öffnen. Er wird zu dir treten und seine eigene *Veena* mitbringen.

Wir müssen dieser Pilgerroute bis zu diesem Punkt folgen. Auf diese Pilgerreise gilt es sich vorzubereiten.

2

Wissen ist eine Illusion

Es war Mitternacht, und noch immer war Sokrates nicht heimgekehrt!
Seine Schüler und Freunde waren besorgt: Seit Frühmorgens war
er schon fort. Nirgendwo in der Stadt hatte man ihn gesehen. Er
hatte niemanden besuchen wollen, und so wusste niemand, wo
er war. Seine Schüler und Freunde schwärmten aus, um ihn auf
allen Straßen und Gassen zu suchen. Es war eine helle Mondnacht.

Nach einer Weile suchten sie auch die Umgebung der Stadt nach
ihm ab. Der Morgen dämmerte bereits – soeben verblasste der
letzte Stern am Himmel –, da fanden sie ihn unter einem Baum
sitzend und zum Himmel aufstarrend. Von der Kälte der Nacht
fast erfroren, gleich einem Standbild. Seine Freunde rüttelten ihn,
doch er war nicht von dieser Welt, sondern irgendwo anders, in
einer anderen Sphäre, vielleicht bei den Sternen droben, auf die
er die ganze Nacht lang gestarrt hatte. Endlich erkannte er sie,
rührte er sich. Er sah seine Freunde an und wollte wissen: „Wie
viel Zeit ist vergangen?"

Seine Freunde erwiderten: „Die Nacht ist gleich vorbei, der Morgen dämmert. Seit gestern Früh vermissen wir dich: Wo warst du?"
Sokrates darauf: „Ich ging hierher. Ich sah frühmorgens die Sonne
aufgehen, ich sah, wie der Mittag vorbeiging, ich sah am Abend
den Sonnenuntergang. Ich bin den ganzen Tag lang der Sonne
gefolgt. Und dann brach die Nacht herein: Der Mond ging am
Himmel auf, die Sterne begannen zu funkeln und faszinierten
mich. Ich verlor mich in die Sterne; ich habe nicht bemerkt, wie
viel Zeit vergangen war."

Seine Freunde fragten: „Was ist am Mond und an den Sternen so
besonders? Was hat dich denn an der Sonne dermaßen fasziniert,
dass du nicht bemerktest, wie all die Stunden vergingen?"

Sokrates erwiderte: „Ihr wundert euch? Eigentlich sollte ich mich wundern. Wie könnt ihr den Mond und die Sterne ansehen oder die Sonne, ohne überwältigt zu sein? Wie könnt ihr nicht vor Ehrfurcht verstummen, euch zu ihnen hingezogen fühlen, ja versucht sein, in ihren Gesang, ihre Musik einzustimmen? Genügen sie euch nicht? Das frage ich euch. Wie könnt ihr mich fragen: ‚Was ist denn so toll am Mond und an den Sternen, dass du nicht einmal merkst, wie die ganze Nacht vergeht?‘ Gesegnet diejenigen, die im Mond und in den Sternen, den Bäumen, Meeren und Bergen oder in den Augen eines anderen suchen und dort auch etwas finden. Vielleicht können nur ihre Augen sehen, und der Rest ist einfach blind.“

Auch wir sind blind. Auch wir können nichts sehen. Woher kommt diese Blindheit? Hierüber gilt es, ein paar Dinge zu wissen; wir sollten verstehen, wie sie zu heilen ist. Denn jedem, der an dieser allgemeinen Lebensblindheit leidet, wird das Meditieren schwerfallen.

Wie können wir Gott erkennen, wenn wir nicht einmal eine Blume sehen? Wie können wir die Stimme Gottes vernehmen, wenn wir nicht einmal das Rauschen des Meeres hören? Wie können wir uns dem Licht öffnen, welches das ganze Leben beseelt, wenn wir nicht einmal den Mond und die Sterne sehen können? Wir sind stockblind. Wir verschlafen praktisch unser ganzes Leben. Wir reißen nur unsere Tage herunter; wir machen nie die Augen auf. Die Schwingungen des Lebens versetzen unser Innerstes von der Wiege bis zum Grab niemals in Wallung. Nichts weckt unser Feingefühl, nichts flößt uns Ehrfurcht ein.

Der Religion geht es vor allem darum, das Mysterium des Leben zu erfahren. Unser gesamtes Leben ist voller Mysterien: Alles, was existiert – vom kleinsten Kieselstein bis zur Sonne droben, vom winzigsten Saatkorn bis zu den Bäumen, die den Himmel berühren –, ist absolut mysteriös. Wir jedoch nehmen dieses Mysterium nicht einmal wahr – denn um dieses Mysterium wertzuschätzen, ist eine Fähigkeit erforderlich, die wir uns wohl erst erarbeiten müssen: Dazu ist Empfänglichkeit erforderlich, dazu ist ein offenes Herz erforderlich. Offenbar sind die Türen unserer Herzen noch verschlossen und müssen sich erst öffnen. Offenbar sitzen wir in einem Gefängnis, dessen Türen und Fenster wir selber verriegelt haben. Was Wunder, dass unser Leben dann so verzweifelt und düster ist … Wir haben eine verschmutzte, abstoßende Ausstrahlung. Wir sind besessen von Sorgen und Verspannungen. Dies ist nur natürlich; es musste ja so kommen.

Woher rührt diese Abstumpfung unseres Lebens? Und dennoch fragen wir: „Gibt es einen Gott?" Und außerdem: „Ist die Seele unsterblich?" Aber über all diese Fragen vergessen wir, die eigentliche Frage zu stellen, nämlich: Vermögen wir auch, das Mysterium des Lebens zu sehen? Von Tag zu Tag vermag der Mensch das Mysterium des Lebens immer weniger zu sehen. Je kultivierter wir sind, desto weniger haben wir Augen für das Mysterium des Lebens. Je beschlagener wir werden – und je weiter sich die Grenzen unseres Wissens ausdehnen – desto mehr wenden wir uns von dem Wunder des Lebens ab und entziehen uns dem unergründlichen Mysterium, dem unlösbaren Rätsel des Lebens.

Angesichts unseres Wissens, angesichts alles dessen, was wir bereits verstehen, bilden wir uns ein, mehr oder weniger alles zu wissen; und dass wir alles, was wir noch nicht wissen, demnächst erkennen werden. Kurz, dass es nichts im Leben gebe, was nicht zu erkennen sei. Alles sei erkennbar. Dies steht im völligen

Widerspruch zur Wirklichkeit. Nichts im Leben ist erkennbar. Das, was wir für Wissen halten, ist gar kein Wissen. Im Leben kann man gar nichts wissen. Jedes Phänomen, das wir untersuchen, angefangen beim kleinsten Blatt, bleibt absolut unbekannt, absolut unerkennbar, absolut unvorstellbar, absolut mysteriös. Dieses Mysterium ist einfach nicht zu entschleiern. Das Wenige, das wir wissen, wissen wir gar nicht, sondern kennen es nur. Wir begehen den Irrtum, Kennen mit Wissen zu verwechseln.

In diesen paar Tagen können wir so viel kennenlernen ... Wir sind hier an dieser von Bäumen gesäumten Küste zusammengekommen. Gestern, als wir ankamen, haben wir noch über all dies Unbekannte, über diese besonderen Bäume und über das Meer gestaunt. Heute jedoch ist es uns schon vertraut; morgen wird es uns noch vertrauter sein, und übermorgen sogar noch mehr. Wenn wir diesen Ort schließlich wieder verlassen, werden wir die Bäume gar nicht mehr wahrnehmen, werden wir das Toben der Brandung gar nicht mehr hören. Alle Leute, die in dieser Gegend wohnen, nehmen hier nichts mehr wahr. Wie viele reisen von weither nach Kaschmir, voller Vorfreude auf seine Sehenswürdigkeiten, aber wer in Kaschmir lebt, nimmt sie gar nicht mehr wahr. Viele pilgern hocherfreut in den Himalaja, aber wer in Kaschmir wohnt, zuckt mit den Achseln. Etwa weil sie alles wissen? Nein, sie wohnen so nah dran, dass sie hier alles kennen. Da sie das alles täglich vor Augen haben, leben sie in der Illusion „Bescheid zu wissen".

Bekanntheit führt zu der Illusion, Bescheid zu wissen. Je mehr jemand von dieser Welt kennt, desto überzeugter behauptet er, in ihr Bescheid zu wissen. Dieses Wissensillusion, diese Anmaßung zu wissen, tötet jegliches Staunen im Leben. Ein Wahrheitssucher muss auf diese Wissensillusion verzichten und sein

Staunen wiederentdecken. Ist es euch möglich, so unter diesen Bäumen zu sitzen, als wärt ihr zum ersten Mal in dieser mysteriösen Welt? Ist es euch möglich, so dem Rauschen des Meeres zu lauschen, als wäre es das erste Mal? Der erste Mensch, der diese Erde betrat, sah sie auf eine besondere Weise. Ist es euch möglich, diese Erde mit seinen Augen zu sehen? Wer als Erster den Mond betritt, wird überwältigt von Staunen um sich sehen. Ihm wird es die Sprache verschlagen – alles ist ihm so unbekannt, unvertraut! Vermögt ihr es, im selben Geiste hier auf der Erde zu stehen? Wenn ja, dann steht ihr auf der ersten Stufe der Leiter der Meditation.

Seid in diesen drei Tagen in diesem Geiste hier. So als hättet ihr an der Küste von *Nargol* Schiffbruch erlitten und befändet euch an einem Ort, wo euch alles unbekannt ist. Selbst die Nacht, selbst die Bäume, selbst der Strand, selbst der Himmel – das alles ist euch unbekannt. Tatsächlich sind wir ja, wenn wir geboren werden, absolut unwissend. Wo immer wir auch geboren werden – wir kommen als unschuldige, absolut fremde Wesen zur Welt. Die Geburt führt uns in eine unbekannte Situation, und wenn wir sterben, gehen wir weg, ohne irgendetwas zu wissen. Was genau wissen wir, bevor wir dieses Leben beenden? Unser Bewusstsein steht noch am selben Punkt wie zur Zeit der Geburt. Wir erwerben kein Wissen, bevor wir dies Leben verlassen.

Wir bilden uns zwischen Geburt und Tod nur ein, etwas zu wissen. Diese Illusion beruht auf Bekanntheit. Ein Vater glaubt, sein Kind zu kennen, eine Ehefrau glaubt, ihren Mann zu kennen, ein Freund glaubt, seinen Freund zu kennen – dabei weiß keiner, wer der andere ist. Wir müssen uns an dieses Gefühl gewöhnen, Fremde füreinander zu sein, wir müssen uns diese Unvertrautheit bewusst machen, wir müssen sie erkennen.

Wir müssen unser Bewusstsein an diesen Punkt führen … Dies „Ich weiß absolut nichts" muss Teil eurer Meditation werden; es muss der Angelpunkt eures Denkens und Trachtens, eurer Meditation sein. Ist euch das möglich? Es ist möglich, sobald ihr etwas mehr Mut aufbringt und euer Ego ablegt – das ja nur eine Begleiterscheinung eures angeblichen Wissens ist. Die tiefsten Wurzeln des menschlichen Egos sind in dem Gefühl zu finden, zu wissen.

Fragt, wen ihr wollt: „Gibt es einen Gott?" Er wird entweder „Ja, es gibt einen Gott" oder „Es gibt keinen Gott" sagen. So oder so wird er „das weiß ich" behaupten. Ab und zu werdet ihr vielleicht auf jemanden stoßen, der eine Weile schweigt und dann „Ich weiß es nicht" sagt. Ich hoffe, ihr werdet den Mut haben, auch so zu antworten. Fragt euch, ob ihr irgendwas wisst. Geht dieser Frage bitte bis auf den Grund.

Frag dich: „Was weiß ich genau?" Du weißt nicht, wer du bist. Du weißt nicht einmal selber, wer du bist; folglich ist es ausgeschlossen, dass du etwas anderes weißt: „Wenn ich nicht einmal weiß, wer ich bin, was kann ich dann sonst noch wissen?" Mir ist selbst das Allernaheliegendste unbekannt. Und wenn ich nicht einmal weiß, was in mir ist, wie kann ich dann irgendetwas wissen oder kennen, das jenseits von mir ist?"

Weißt du, wer du bist? Vielleicht hast du dir diese Frage noch nie gestellt. Manche Dinge sind uns selbstverständlich – zum Beispiel glauben wir zu wissen, wer wir sind, und wir stürzen uns ins Leben, als wüssten wir es. Dabei haben wir uns diese Frage noch nie gestellt! Und wenn man sich eine so grundsätzliche Frage nicht gestellt hat, wie kann man dann überhaupt weitergehen?

Jeder muss sich diese allererste Frage stellen: „Weiß ich, wer ich bin? Wer bin ich, was bin ich, wo komme ich her, wo ich gehe ich hin?" Auf diese vier Grundfragen gibt es keine Antworten – doch wir tun so, als wüssten wir, wer wir sind.

Einst ging Schopenhauer um drei Uhr morgens in einen kleinen Park. Es war stockdunkel. Der Nachtwächter fragte sich besorgt, was einer zu so später Stunde hier zu suchen habe. Er betrat mit Lampe und Tasche die Anlage. Schopenhauer ging spazieren und redete mit sich selbst und den Bäumen. Der Wächter hielt den Kerl für wahnsinnig, er führte Selbstgespräche! Aus sicherer Entfernung rief er: „Wer sind Sie? Wo kommen Sie her? Was haben Sie hier zu suchen? Was wollen Sie?"

Da musste Schopenhauer schallend lachen, und sagte dann: „Wie kommen Sie darauf, mir ausgerechnet diese Fragen zu stellen – die bisher noch keiner beantworten konnte? Sie fragen: ‚Wer sind Sie?' Über diese Frage zerbreche ich mir praktisch schon mein ganzes Leben lang den Kopf, hab aber bisher noch keine Antwort gefunden. Sie fragen: ‚Wo kommen Sie her?' Bis jetzt hat noch kein Mensch sagen können, wo er herkommt. Sie überfordern mich! Sie fragen: ‚Was haben Sie hier zu suchen?' Wenn ich das selber wüsste!"

Der Nachtwächter hielt ihn für einen Irren, der nicht einmal das wusste! Aber wer war hier der Irre – Schopenhauer oder der Nachtwächter?

Möglicherweise bist du verrückt, wenn du dir einredest, zu wissen, wer du bist. Aber nicht zu wissen ist das Übliche beim Menschen. So sind die Menschen nun mal beschaffen. Mit Wahnsinn hat das aber nichts zu tun … Um zu verhüten, dass

44

wir uns für verrückt halten, hat sich die Gesellschaft ein System ausgedacht, wie wir herausfinden oder wissen können, wer wir sind. Wir haben uns selber Namen gegeben; wir haben Gemeinschaften, haben Religionen, haben Nationen gegründet, auf dass wir wissen, wer wir sind. Ich habe meinen Namen, meine Gemeinschaft, meine Religion, meine Nation, meine Eltern. Andere haben auch ihren Eigennamen, ihre Familientradition. Wir haben uns eine Struktur ausgedacht, mit der wir bestimmen können, wer wir sind.

Dies, unser ganzes System, ist absurd, reine Fantasie, gesponnen. Was heißt denn Name? Was heißt denn Kaste? Was heißt denn Religion? Da ist zwar ein Land, aber wem gehört es? Wir haben die Erde mit irgendwelchen fiktiven Linien überzogen, die Indien und China, Russland und Amerika trennen. Diese Grenzlinien sind frei erfunden, es gibt sie physisch nicht auf der Erde. Indem ich sage: „Ich komme von da, das sind meine Landesgrenzen", stecke ich mein Volk in einen Sack und hänge irgendeinen erfundenen Namen, ein irreführendes Etikett dran. Der eine heißt Rama, der andere heißt Krishna, wieder ein anderer heißt soundso. Auch diese Namen sind völlig aus der Luft gegriffen: Der Mensch wird namenlos geboren.

Wir haben dem Menschen auch noch den Namen einer Kaste aufgedrückt – auch der ist rein fiktiv. Der Mensch wird nicht in eine bestimmte Kaste geboren – die Kaste wird dem Menschen aufgezwungen! Wir nehmen sogar die Namen unserer Eltern an. Auch Eltern sind namenlos, so wie deren Eltern namenlos sind. Aufgrund dieses Pseudowissens, das sich in einem kleinen Winkel in uns versteckt, bilden wir uns ein zu wissen, wer wir sind. Wir leben mit dieser Illusion und zerstören uns damit auch noch selbst. Ein Sucher muss aus dieser Illusion ausbrechen. Er muss in jedem kleinen Winkel Licht machen. Er muss klar verstehen, dass er weder einen Namen hat noch einem Land angehört. Er darf sich nicht als „der-und-der" vorstellen – er ist ein unbeschriebenes Blatt. So wie die Brise namenlos ist und niemand weiß, wie die Wellen des Meeres heißen – genauso sind auch die Wellen der Menschenleben namenlos, unbekannt und unvertraut.

Damit nicht genug: Der Mensch hat sogar versucht, sein Innerstes zu strukturieren. Auf die Frage: „Was ist in dir?", wird jeder sofort antworten: „In mir ist eine Seele, und die Seele ist unsterblich. Ich habe auch schon früher gelebt – mein jetziges Leben ist die Folge eines früheren Karmas. Und nach diesem Leben kommt ein weiteres Leben. Es gibt einen Himmel, es gibt eine Hölle. Dort werden die Menschen geläutert, und irgendwann später werden sie befreit." Nur wissen wir das nicht, sondern tappen im Dunkeln, und trotzdem haben wir alle möglichen Vorstellungen in Worte gefasst. Dieses Pseudowissen hat den Menschen in seiner Gewalt. In Wirklichkeit wissen wir nichts, plappern aber immerzu diese Wörter nach. Wir hängen an diesen Wörtern, machen uns über sie ständig Gedanken.

Vor Kurzem kam ein traditioneller Sannyasin zu mir. Ich fragte ihn: „Was für eine Meditation machst du?" Er begann aufzuzählen: „Wenn ich allein bin, sitz ich da und stelle mir vor, *Sat-Chit-Anand* – Wahrheit-Bewusstsein-Glückseligkeit – zu sein. Also, dass ich unsterblich sei, dass ich weder mein Körper noch mein Geist sei, sondern meine Seele. Auf die Art meditiere ich."

Ich fragte ihn: „Wenn du dir sagst, Wahrheit-Bewusstsein-Glückseligkeit zu sein, bist du dir sicher? Hast du das selbst erkannt, ist das deine Erfahrung, deine eigene Erfahrung?" Auch fragte ich ihn: „Wenn du wirklich weißt, dass du Wahrheit-Bewusstsein-

Glückseligkeit bist, warum musst du dir das dann Tag für Tag sagen?"

Was wir schon wissen, wiederholen wir uns nicht ständig. Wir wiederholen immer nur, was wir nicht wissen. Wer wirklich weiß: „Ich bin Gott, ich bin die höchstmögliche Wirklichkeit", braucht sich das nicht Tag für Tag einzureden. Was man schon weiß, wiederholt man nicht. Man wiederholt nur Dinge, die man nicht weiß. Indem man diese Wörter ständig wiederholt, bildet man sich irgendwann ein, damit tief verbunden zu sein. Das ständige Wiederholen stellt eine Beziehung her.

Man zieht es vor, zu vergessen, dass man, als man anfing diese Worte zu sagen, keine Ahnung hatte. Nachdem man sie fünfzig Mal wiederholt hat, entsteht das Gefühl, es zu wissen. Aber wenn man es anfangs nicht gewusst hat, wie kann man es wissen, nachdem man sie fünfzig Mal wiederholt hat? Wiederholung kann nirgendwo anders hinführen als zur Einbildung. Wenn man es von Anfang an nicht weiß, was wird die Folge sein, wenn man sie tausend Mal wiederholt? Eine Lüge kann nicht dadurch zur Wahrheit werden, dass man sie tausend Mal wiederholt – aber genau das tun wir! Immer, wenn wir jemanden betrügen wollen, wenden wir dieselbe Methode an – Wörter zu wiederholen. Auch wenn wir uns selber betrügen wollen, wenden wir diese Methode an.

Adolf Hitler behauptet in seiner Autobiografie, jede Unwahrheit lasse sich durch ständiges Wiederholen in eine Wahrheit verkehren. Er hat recht. Wenn man eine Unwahrheit nur oft genug wiederholt, klingt sie wahr. In diesem Sinne sind auch all die Wahrheiten, die wir zu wissen glauben, nichts weiter als ständig wiederholte Unwahrheiten. Aufgrund bloßer Wiederholung.

Wir schlucken alles, wenn wir es wiederholen. Ständige Wiederholung hat uns von ihrer Wahrheit überzeugt. Alles, was wir wiederholen, erzeugt die Illusion, es wäre die Wahrheit.

Wir haben eine gewisse Bekanntschaft mit unserm Körper gemacht. Wir haben auch mit unserm Innern eine gewisse Bekanntschaft gemacht. In Wirklichkeit kennen wir weder unsern Körper noch unser Inneres. Als ersten Schritt auf unserer Wahrheitssuche müssen wir uns klipp und klar eingestehen, dass wir nichts wissen; erst dann wird die Pilgerschaft möglich. Unsere Unwissenheit ist die Wirklichkeit; unser „Nichtwissen" ist eine Tatsache. Dass „ihr nichts wisst", habt ihr schließlich nicht von mir: Ihr wisst tatsächlich nichts.

Doch auf dieser Welt hat man euch seit jeher weisgemacht, ihr könntet mithilfe bestimmter Methoden euch selbst erkennen. Man hat euch seit jeher weisgemacht, nur durch ständige Wiederholung könntet ihr Wissen erlangen. Seit Jahrtausenden hat man den Menschen dazu angehalten, bestimmte Dinge zu wiederholen: „Ich bin Gott, ich bin der Allmächtige, ich bin die Seele ... ich bin dieses und jenes." Und wer sein Leben lang nur nachplappert, bildet sich nach und nach ein: „Das bin ich ja wirklich!" Aber aus etwas, das beim ersten Schritt eine Lüge war, kann beim letzten nicht die Wahrheit werden.

Was ich euch damit sagen will? Bitte, sprecht mir nicht alles nach, was ich sage – nicht einmal aus Versehen. Sonst sitzt ihr der Illusion auf, erkannt zu haben. Wie steht es denn um die gegenwärtige Geistesverfassung des Menschen? Es ist eine eindeutige, unbestreitbare Tatsache, dass wir nichts wissen. Wir wissen gar nichts. Aber wir sind nicht gewillt, diesen Mangel an Wissen, diese Unwissenheit hinzunehmen. Woran der Mensch im Grunde krankt, ist der Umstand, dass er seine Unwissenheit nicht akzeptieren kann.

Wenn uns jemand vorwirft, nichts zu wissen, brausen wir sofort auf. Wenn uns jemand darauf hinweist, dass wir nichts wissen oder dass unser Wissen nicht stimmt, fühlt sich unser Ego zutiefst verletzt. Wieso diese Verletztheit? Vielleicht deswegen, dass da irgendwer unsere Wirklichkeit bloßstellt – die wir verheimlicht haben. Wir halten unsere Wirklichkeit im tiefsten Innern verborgen, unter allen möglichen Ausflüchten. Wenn jemand auch nur einen Zipfel des Vorhangs hebt, fühlen wir uns bedroht, sind wir bereit zu kämpfen, suchen wir Streit.

Worum haben sich die Religionen der Welt seit Urzeiten gestritten? Es gibt nur einen Zankapfel: Jede Religion beansprucht, die Wahrheit zu besitzen. Und sobald einer „Stimmt nicht!" oder „Ihr lügt!" sagt, wird das Schwert gezogen und der Kampf beginnt. Als wäre Töten ein logisches Argument, als liefere das Anstecken von Tempeln oder Moscheen den Beweis. Die menschliche Unwissenheit sitzt sehr tief, sie ist das Fundament, auf dem alles angebliche Wissen aufbaut. Ein kleiner Windstoß, und all diese Etiketten fallen ab, und der Mensch platzt vor Wut. Irgendwer leugnet einen Glaubenssatz, und schon ist er wutentbrannt. Ich aber sage euch: Wenn ihr einen Schritt in Richtung Wahrheit tun wollt, dann müsst ihr euch den eigentlichen Zustand eurer Unwissenheit eingestehen, müsst ihr zugeben, dass ihr nichts wisst.

Warum lege ich so viel Wert auf diesen spezifischen Punkt? Weil der Weg zur Wahrheit niemals von Dogmen ausgehen kann, sondern nur von der Wirklichkeit. Wir können aber nur dann vom tatsächlichen Zustand, von der Wirklichkeit ausgehen, wenn wir uns eingestehen, dass wir unwissend sind, dass wir nichts wissen – ohne es je zu vergessen. Dann dürfen wir aber keine Hindus, Moslems, Jainas oder Christen bleiben – wie es die Pseudo-Wissenden in ihrer Selbstherrlichkeit tun.

Welcher Religion vermag ein unwissender Mensch zu folgen, welche Lebensanschauung und welche heilige Schrift kann er haben? Bescheidwisser haben heilige Schriften, Philosophien, Sekten. Ein Unwissender kann weder einer Sekte angehören noch eine heilige Schrift haben. Er hat keine *Bhagavadgita*, keinen Koran, so wenig wie einen Krishna oder Mahavira. Er kann nichts weiter als zu sagen: „Ich weiß nichts." Er beansprucht nichts, er besteht auf nichts, er bestreitet nichts, er lässt sich auf keinen Streit ein. Vergesst nicht: Wer auf seinen Glauben pocht, muss zwangsläufig Streit suchen. Wer das Gefühl hat, die Weisheit mit Löffeln gefressen zu haben und Bescheid zu wissen, verrät damit seine Streitsucht, auch wenn er behauptet, sich nicht streiten zu wollen. Jeder Besserwisser sucht Streit. Er wird sein Leben lang streiten, selbst noch beim letzten Atemzug.

Nur wer sich nicht einbildet, etwas zu wissen, ist über Streit erhaben. Sobald sein eingebildetes „Ich weiß" wegfällt, setzt eine gewisse Demut ein. Ihr kennt diese außergewöhnliche Demut noch nicht: Man wird wieder kindlich. Was unterscheidet das Kind von einem alten Menschen? Nur dies eine: Das Kind ist unwissend und der alte Mensch weiß Bescheid. Doch das Wissen des alten Menschen ist vorgetäuscht, und die Unwissenheit des Kindes ist echt.

Ein Sucher kehrt wieder in seine Kindheit zurück; er löscht seine Erinnerungen. Er steht wieder da, wo das Kind steht. Das Glitzern winziger Kieselsteine erfüllt das kleine Kind mit Staunen.

Ein zwitschernder Vogel entführt es in eine andere Welt. Ein winziges tanzendes Blatt lässt es ein anderes Leben, eine andere Dimension erahnen. Für ein Kind ist diese Welt noch kunterbunt, voller Lieder, voller Geräusche. Alles ist für es außergewöhnlich, weil seine Augen noch voller Staunen sind. In seiner Eitelkeit, zu wissen, mauert der Mensch sich ein, zieht er sich hinter einen tiefen Graben zurück, kappt er sich von der Außenwelt ab. Jeder Austausch mit dem Leben entfällt, der Reichtum des Lebens versiegt.

Ein Sucher muss sich wieder für den Reichtum des Lebens öffnen. Sobald er seinen Wissenspanzer abwirft, wird das Leben wieder reich. Unermüdlich erkläre ich meinen Freunden, dass ich die Unschuld lehre. Seit Urzeiten lehrt man uns Wissen, aber dies Wissen hat der Menschheit nichts gebracht; es hat ihr nichts als Probleme eingebrockt. Man hat sie geradezu mit Wissen überhäuft, aber heute steht sie kurz vor ihrem Untergang. Es ist zweifelhaft, ob ein Gelehrter in der Lage wäre, das Leben zu verstehen. Er kann es gar nicht verstehen; dafür ist sein Ego zu voll von Ideen – die seine Demut restlos zerstören. Sein Herz wird hart, unbeugsam. Man kann kaum einen unbeugsameren Menschen finden als einen Gelehrten. Gelehrte haben getötet und den Tod von zahllosen Menschen verschuldet. Der Alleswisser, der Gelehrte ist äußerst unbeugsam; das liegt an seinem Wissen.

Folgende Geschichte, ich erzähle sie immer wieder gerne …

Einst fand ein großer Jahrmarkt statt, und nicht weit davon fiel jemand in einen Brunnen. Er begann zu rufen: „Holt mich hier raus, holt mich raus, ich ertrinke!" Der Brunnen war sehr tief, aber da er sich an ein paar Ziegelsteine klammerte, konnte er sich über Wasser halten. Doch der Lärm des Jahrmarkts übertönte seinen Hilferuf. Ein buddhistischer Mönch ging an dem Brunnen vorbei. Er war durstig, also schaute er hinein und hörte, wie in jemand von unten flehte: „Lieber Mönch, bitte hol mich hier raus. Sonst muss ich sterben. Mach schnell! Reich mir die Hand, meine Finger geben schon nach."

Der Mönch fragte: „Warum willst du denn rauskommen? Leben ist Leid. Gautam Buddha hat gesagt, das das Leben elend ist, voller Leid ist. Was hast du vor, wenn du gerettet wirst? Buddha zufolge ist alles, was in diesem Leben geschieht, die Folge deines Karmas aus früheren Leben. Offenbar hast du in einem vergangenen Leben irgendwen in einen Brunnen gestoßen. Dafür musst du jetzt büßen. Du musst die Folgen deiner eigenen Taten ertragen. Wenn du sie widerspruchslos erträgst, bist du dein Karma los. Drück dich also nicht davor."

Der Mönch trank einen Schluck Wasser und ging weiter. Er hatte Buddha richtig zitiert; er kannte seine heilige Schrift auswendig. Aber dass da unten jemand starb, entging ihm, da er seine heilige Schrift genau kannte und sie sich dazwischenschob. Der Mann ertrank, aber das erkannte der Mönch nicht. Er hatte nur die Karma-Lehre, die Sinnlosigkeit des Lebens vor Augen. Er hielt dem Ertrinkenden eine Predigt und ging seines Weges. Niemand ist unbeugsamer als ein Prediger.

Kaum war der Mönch fort, kam ein Anhänger des Konfuzius vorbei. Auch er hörte den Hilferuf und schaute in den Brunnen. Zu dem Ertrinkenden sagte er: „Guter Freund, irgendwo sagt Konfuzius: „Jeder offene Brunnen muss zugedeckt werden und braucht eine Schutzmauer, damit niemand hineinfällt." Dieser Brunnen hat keine Mauer – also bist du reingefallen. Wir ziehen hier über Land und fordern die Leute auf, sich streng an die Lehren des Konfuzius zu halten. Guter Freund, nur keine Sorge: Ich gründe eine Initiative und erkläre den Leuten alles. Sogar dem König werde ich mitteilen: Laut Konfuzius soll jeder Brunnen eingemauert und zugedeckt werden, damit niemand reinfallen kann. Die Brunnen in deinem Reich sind aber ungeschützt, darum ertrinken so viele Leute."

Der Ertrinkende sagte: „Du hast ja recht, aber bis dahin bin ich tot. Hol mich erst raus!" Der Mönch darauf: „Es geht hier ja nicht nur um dich, sondern betrifft die gesamte Öffentlichkeit. Was zählt da schon ein Toter? Dies geht alle an. Sei froh, dass du der Pionier einer neuen Bewegung bist. Du bist ein Märtyrer!"

Die Führer des Volkes halten die Leute immer zum Narren und sie sagen: „Ihr seid Märtyrer. Euer Tod wird eine neue Bewegung stiften. Aus der Saat eures Todes wird der Sozialismus, der Kommunismus aufsprießen, wird sich die Demokratie über die ganze Welt ausbreiten. Deshalb müsst ihr sterben. Denn nicht der Einzelne zählt, sondern die ganze Menschheit." Doch die Menschheit existiert leider nur als Wort: Jeder, dem wir begegnen, ist ein Mensch für sich. Nirgends begegnen wir der Menschheit.

So etwas wie „die Menschheit" gibt es nicht, außer als Wort. Heilige Schriften reden von der Menschheit, aber wohin wir auch schauen, stoßen wir nur auf den Einzelnen. Alle jedoch, die auf heilige Schriften schwören, fordern immerzu: „Rettet die Menschheit! Wenn dabei ein Einzelner geopfert wird, ist das egal. Der Einzelne darf geopfert werden, Hauptsache die Menschheit wird gerettet."

Der Mann fuhr fort, um Hilfe zu rufen. Der Konfuzianer ging weiter zum Markt und erstieg eine Tribüne. Tausende strömten herbei und er rief: „Alle mal herhören! Solange unsere Brunnen keine Schutzmauern haben, muss die Menschheit schwer leiden. Jeder Brunnen muss eingemauert werden. Was haben wir nur für eine schlampige Verwaltung! Sie hält sich nicht an das, was Konfuzius in seinen Büchern verkündet hat." Sprach's, schlug ein Buch von Konfuzius auf und hielt allen die betreffende Seite hoch. Unterdessen schrie der Ertrinkende weiter um Hilfe, doch keiner auf dem Jahrmarkt konnte es hören …

Bis auf einen christlichen Missionar, der gleichfalls am Brunnen vorbeikam: Der hörte den Lärm von unten. Flugs warf er seine Kleider ab und holte ein Seil, das er immer dabei hatte, aus seiner Tasche. Das warf er in den Brunnen, sprang selbst hinterher und rettete dem Mann das Leben, indem er ihn rauszog.

Der Mann dankte seinem Retter: „Du bist für mich der einzige wirkliche Mensch. Vorhin kam ein buddhistischer Mönch vorbei und hat nur kurz gepredigt. Nach ihm kam ein Konfuzianer und startete eine neue Bewegung. Siehst du, wie er da drüben auf der Tribüne seine Reden schwingt? Du warst der Einzige, der sich meiner annahm. Was bist du für ein guter Mensch!"

Da musste der christliche Missionar lachen, und er sagte: „Ich hab's ja nicht deinetwegen gemacht. Du hast mir vielmehr einen Gefallen getan. Denn wenn du nicht in den Brunnen gefallen wärst, hätte ich nicht dieses gute Werk vollbringen können. Oder kennst du etwa nicht das Jesuswort: ‚Nur wer anderen dient, wird zu Gott finden?' Wenn irgendwo einer krank wird, bringe ich ihm Arznei. Wenn einer Lepra hat, kann ich ihn behandeln. Darum bin ich ständig unterwegs. Und für den Fall, dass jemand in einen Brunnen fällt, habe ich immer ein Seil dabei. Du hast mir Gutes getan, denn ich kann nur erlöst werden, wenn ich anderen diene. Fahre bitte fort, mir deine Gunst zu erweisen, auf dass ich zur Erlösung gelange. Dies überliefert unsere Heilige Schrift."

Der Ärmste hatte geglaubt, dass der Missionar ihm einen Gefallen getan hätte. Keiner hat sich um den Ertrinkenden gekümmert. Keiner nahm ihn auch nur wahr. Jeder hat sich nur an seine eigene heilige Schrift, seine eigenen Lehren gehalten. Jeder hält sich an das, was er weiß. Mauern von angeblichem Wissen stehen zwischen Mensch und Mensch – die sie nicht nur voneinander, sondern auch von den Meeren und von der Existenz trennen. Diese Mauern müssen fallen. Wir müssen irgendwann einsehen, dass wir gar nichts wissen. Nur so können wir auf der Stelle wieder Anschluss ans Leben finden. Und zwar genau in diesem Moment! Wer kann uns hindern? Wer kann zwischen uns treten?

Kabir hatte einen Sohn namens Kamaal, und eines Morgens bat er diesen: „Geh in den Wald und schneide frisches Gras." In der Frühe brach Kamaal auf. Am Nachmittag war er immer noch nicht zurück, aber Kabir wartete und wartete.

Als es Abend wurde, fragte sich Kabir: „Wo bleibt Kamaal? Weil die Kuh Futter brauchte, bat ich ihn Gras zu holen. Wo steckt er nur?" Schließlich ging er selbst in den Wald, um Kamaal zu suchen. Er fand ihn auf einer Wiese: Er stand mitten im schulterhohem Gras, wie ein Grashalm schwankend. Kabir trat näher, rief ihn und sagte: „Du Narr, was soll das?"

Kamaal schlug die Augen auf und sagte: „Ich hab's einfach nicht übers Herz gebracht, das Gras zu mähen. Als ich herkam, wogte das Gras so vergnügt im goldenen Sonnenlicht, in der frischen Brise, und die Halme schwankten so fröhlich, dass auch ich zu schwanken begann. Auf mysteriöse Weise wurde ich eins mit dem Gras. Erst als du kamst und mich schütteltest, fiel mir wieder ein, dass ich Kamaal war. Bis dahin hatte ich mich eins gefühlt mit dem Gras, so als wäre ich selber das Gras. Wie hätte ich das Gras, zu dem ich selber gehörte, mähen können?" Ob Kabir ihn verstand oder nicht – Kamaal sagte: „Jetzt bin ich selbst zu Gras geworden."

Wenn jemand in der Nähe des Meeres sitzt, ohne es zu wissen, wird er nach einer Weile spüren, dass er selber zum Meer geworden ist. Er beginnt, mit dem Meer zu kommunizieren. Wenn er nicht weit von einem Baum sitzt, ohne den Baum zu bemerken, ohne Eitelkeit, ohne Ego, wird er sehr bald entdecken, dass er dieser Baum geworden ist. Wenn er in der Nähe einer Blume sitzt, wird er zu dieser Blume. Es gibt eine gewisse Beziehung zur Natur, bei der Wissen nur stört, die durch Wissen verhindert wird.

Sobald diese Beziehung entsteht, sendet sie aus allen Richtungen Botschaften aus … nennt sie meinetwegen „göttliche Botschaften". Die Lieder der Vögel überbringen eine göttlichere Botschaft als die Veden. Das Knarzen der Äste vermittelt eine tiefere Botschaft als der Koran, als Mahavira – eine Botschaft, die Worte nicht ausdrücken könnten. Diese Botschaften entspringen eurem Schweigen, aber man muss feine Ohren haben, um sie zu hören. Dazu benötigt ihr nichts als das schlichte, demütige Herz des Unwissenden, Unschuldigen, nicht den harten und starren Verstand des stolzen Gelehrten.

Darum rate ich euch, als ersten Schritt, unwissend zu werden – jemand zu werden, der nichts weiß. Gesteht dies, erkennt dies. So widersprüchlich es auch klingt: Wer erkennt, dass er nichts weiß, macht einen ersten Schritt in Richtung Erkenntnis. Wer weiß, dass er nichts weiß, geht auf die Erkenntnis zu: Eines Tages mag sie im zuteil werden, eines Tages mag es so weit sein. Doch dazu braucht er Demut. Und ohne Unwissenheit kann er nicht zur Demut finden – es führt kein anderer Weg zu ihr.

Also lautet die erste Priorität für den Sucher: „Wisse, dass du nichts weißt." Zu dieser Erkenntnis gelangt man aber nicht durch die Lektüre heiliger Schriften. Wer heilige Schriften liest, erschwert sich nur, in diesen Zustand zu gelangen, sonst nichts. Man braucht sich, um in diesen Zustand zu gelangen, auch an keinen angeblichen Guru zu wenden. Solche Gurus können einem allenfalls Wissen vermitteln, nicht aber die Erkenntnis, nichts zu wissen. Dazu ist kein Satsang erforderlich, braucht man keinem Guru zu Füßen zu sitzen – denn von dem kann man nur Worte und Glaubenssätze erwarten. Wie also erlangt man diese Erkenntnis? Um dies zu erkennen, muss man allein sein: Und in diesem Alleinsein offenbart sich einem die eigene Wirklichkeit.

Ihr solltet euch immer wieder fragen: „Weiß ich, wer ich bin?" Euer Innerstes wird sofort antworten: „Nein, weiß ich nicht." Eure Glaubenssätze und Dogmen mögen euch einreden: „Na klar weiß ich das!" Dann überprüft diese Behauptung und fragt euch: „Hab ich das nur gelesen oder gehört? Und hab ich das aus mir selber oder zitiere ich nur meine heilige Schrift? Sind es nur bloße Worte oder beruht es auf eigener Erfahrung?" Fühlt eurem Innersten auf den Zahn, und ihr werdet sehen: Eure „Gewissheiten" werden ins Wanken kommen. Sie werden einfach einstürzen.

Euer Wissen ist auf Sand gebaut. Tippe es an, und es stürzt ein wie ein Kartenhaus. Wissen ist wie ein Papierschiffchen: Setz es aufs Wasser, und es geht unter. Unser Wissen gehört nicht uns – das bilden wir uns nur ein. Eines Tages wird es sich, wenn wir die Augen öffnen und dies erkennen, sofort auflösen. Am selben Tag, da wir die Wertlosigkeit unseres Wissen erkennen, geht für uns die Tür der Liebe weit auf.

Nun fordere ich euch auf, einzugestehen, dass ihr nichts wisst. Sich unschuldig und zutiefst dankbar zu fühlen ist ein Segen. Weg mit all eurem bisherigen Wissen; es ist alles Mist. Nichts zu wissen hat, anders als jegliches Wissen, eine besondere Tiefe. Denn so umfassend euer Wissen auch sein mag, ihm sind Grenzen gesetzt. Nichtwissen ist endlos, ihm ist nichts hinzuzufügen. Wer etwas weiß, kann immer noch mehr wissen; aber wer nichts weiß, der weiß halt nichts: Man kann nichts hinzufügen oder abziehen.

Der heilige Augustinus hat einen eigenen Ausdruck für die Wahrnehmung des Nichtwissens geprägt: „göttliche Unwissenheit"; göttlich insofern, als sich das Ego ihrer nicht bemächtigen kann. Denn das Göttliche fängt da an, wo das Ego aufhört. Sollte es dem Ego je gelingen, sich irgendwo wieder einzuschmuggeln, ist die Göttlichkeit geliefert.

Diese wenigen Dinge genügen für heute Morgen. Überdenkt sie. Nehmt sie unter die Lupe. Erkennt ihre Bedeutung. Sobald sie euch klar ist, werdet ihr euer Haus des Wissens abreißen – und dafür den Tempel der Unschuld errichten. Wissen hat seine Häuser, aber Unschuld hat ihre Tempel.

Wenn ich fertig bin, beginnen wir unsere Morgenmeditation. Vorweg noch ein paar Anmerkungen dazu, und dann beginnen wir, damit zu experimentieren … Meditation ist eigentlich etwas ganz Einfaches – wie denn alles Wesentliche im Leben einfach sein muss. Mit der Wahrheit darf es keine Schwierigkeiten geben. Nur die Unwahrheit führt stets zu Schwierigkeiten. Meditation ist eine ganz einfache Sache, etwas absolut Einfaches. Da gibt es überhaupt nichts zu tun. Dazu braucht ihr euch einfach nur ein Weilchen lang selber loszulassen. Hier bietet sich das geradezu an. Dieser Ort ist so schön, dass man sich ohne weiteres selber loslassen kann.

Was sind die Anzeichen von Nichttun? Das erste Anzeichen ist, dass man keinerlei Absicht hat, etwas zu tun. Wenn ihr euch in der Absicht hinsetzt: „So, jetzt mache ich eine Meditation, jetzt geh ich in die Versenkung, jetzt werde ich beten, jetzt mache ich irgendwas!" –, seid ihr auf dem Sprung, wollt ihr euch aktivieren. Denn bereits der Wunsch, etwas zu machen, versetzt euch in Rastlosigkeit, während ihr, wenn ihr nicht die Absicht habt etwas zu tun, friedlich und entspannt seid. Sobald wir in Meditation sitzen, geht uns auf, dass unsere ganze Sprache von Aktivität geprägt ist. Es gibt keine Sprache des Nichttuns.

Vor rund hundertfünfzig Jahren gab es in Japan ein großes Kloster. Es hatte sehr viel Platz. Rund fünfhundert Mönche, Wahrheitssucher, praktizierten dort ihre Spiritualität. Der Kaiser von Japan wollte dies Kloster unbedingt kennenlernen, endlich war es so weit. Es enthielt ganze Wälder, und überall verstreut waren Hütten. Einer der Mönche führte den Kaiser durch die Anlage und sagte etwa: „In dieser Hütte wird das Essen für unsere Mönche gekocht; in dieser hier studieren unsere Mönche; in dieser werden alle möglichen Lieder gesungen, und in dieser können sie baden ... hier passiert dies und hier passiert das." Nur über die riesige Halle mitten im Kloster verlor der Mönch kein Wort. Das machte den Kaiser erst recht neugierig: „Mir gefällt alles, was du mir zeigst, aber was ist mit der großen Halle in eurer Mitte?" Doch dann schwieg der Mönch einfach nur, als wäre er taub, als hätte er nicht gehört, und wechselte nur das Thema.

Als er seine Führung beendet hatte, war die große Halle in der Mitte mit keinem Wort erwähnt worden. Als er den Kaiser am Eingang wieder verabschiedete, rief dieser: „Einer von uns beiden ist offenbar verrückt: du oder ich. Ich war vor allem an eurer Halle interessiert, aber du hast kein Wort darüber verloren. Sooft ich auch nachgefragt hab, immer hast du dich taub gestellt. Was genau macht ihr in dieser Halle?"

Der Mönch erwiderte höflich: „Ihr bringt mich in große Bedrängnis. Dadurch, dass Ihr immer wieder gefragt habt, was wir in jener Halle machen, wurde mir klar, dass Ihr nur die Sprache des Tuns versteht. Darum hab ich zwar immer gesagt: ‚Hier baden wir, hier kochen wir, hier essen wir, hier lesen wir Bücher.' Also all unsere Aktivitäten … Eure Frage jedoch nach jener riesigen Halle ist deshalb so schwer zu beantworten, weil wir dort gar nichts tun. Wenn ein Mönch mal gar nichts tun möchte, geht er dorthin. Das ist unser Ort für Meditation. Das ist unsere Meditationshalle. Doch mit der Frage, was wir dort machen, bringt Ihr mich in Verlegenheit. ‚Hier machen wir Meditation', wäre falsch, denn Meditation kann man nicht machen. In dieser Halle wird absolut gar nichts gemacht."

Alles, was ich über Meditation sage, betrifft lediglich das Nichttun. All die Dinge, die ihr Meditation nennt, sind überhaupt keine Meditation. Solange ihr etwas macht, könnt ihr nicht in Meditation sein. Ob ihr nun „Rama, Rama" oder das Gayatri-Mantra oder das *Namokar*, das Mantra der Jainas, wiederholt oder eure Malaperlen zählt oder was auch immer ihr für eure Meditation haltet – nichts davon ist Meditation; jedenfalls seid ihr nie in Meditation. Erst wer absolut nichts mehr tut und sich völlig still und friedlich entspannt hat, wessen ganze Maschinerie des Tuns ruht, vermag in Meditation zu gehen.

Meditation ist Nichttun. Nun, wenn wir hier also gleich in Meditation gehen, wie sollten wir vorgehen? Macht euch, wenn ihr euch aufs Nichttun einlasst, vor allem klar: „Ich mache absolut gar nichts. Ich löse mich nur in diesem Gefühl des Nichttuns auf." Macht euch eure Gefühlsebene klar: „Ich bin entschlossen, nichts mehr zu tun, nur noch zu schweigen. Ich werde entspannt bleiben, ich werde gar nichts tun." Dies ist das Erste.

Und das Zweite: Wenn ihr völlig entspannt dasitzt, hat sich der Wind nicht entspannt, sondern wird wehen. Die Vögel werden zwitschern. Die Krähe dort drüben wird krächzen, vielleicht ununterbrochen krächzen. Das Meer wird weiter rauschen. Das Laub wird weiter auf den Bäumen wirbeln und leise rascheln. All diese Dinge werden weitergehen. Du magst dich nicht rühren, aber jeder andere wird weiter seinen eigenen Geschäften nachgehen wie eh und je.

Wie solltet ihr euch zu all dieser Geschäftigkeit verhalten? Ihr solltet sie im Auge behalten; ihr solltet sie wahrnehmen. Wenn die Krähe da schreit, hört einfach zu. Wenn das Meer rauscht, lauscht einfach dem Geräusch. Wenn der Wind weht und die Bäume aufwühlt, lauscht einfach nur dem Geräusch. Nehmt alles wahr, was um euch her geschieht. Auf die Art schult ihr eure Achtsamkeit. Ihr braucht nichts weiter zu tun als zu lauschen. Denkt dran: Achtsamkeit ist kein Tun. Sobald ihr anfangt etwas zu tun, schläft die Achtsamkeit in euch ein. Wenn ihr restlos untätig seid, wacht eure Achtsamkeit auf. Achtsamkeit ist kein Tun, sondern euer eigentliches Wesen als Mensch. Sie ist kein Tun, sondern der Naturzustand des Menschen. Sie ist der Geist des Menschen.

Setzt euch einfach nur unter diese Bäume – vollkommen still, wortlos, ganz da, voller Bewusstsein. Euer Atem wird weitergehen; folgt schweigend eurem Atem. Lauscht eurem Atem. Lauscht einfach nur allem, was um euch her geschieht. Wenn ihr ganz Ohr seid, werdet ihr staunen. Wenn ihr auch nur ein paar Minuten lang still hinhört, werdet ihr in ein immer tieferes Schweigen versinken. Nach ein paar Minuten wird alles verschwinden, werdet ihr bis ins Innerste von tiefer Stille und Ruhe erfüllt sein. Wenn in dieser tiefen Stille ein Vogel anfängt zu zwitschern, werdet ihr ihm lediglich lauschen. Wenn er damit aufhört, wird die Stille noch tiefer werden. Nichts kann sie stören: Was auch geschieht um euch her: Es wird euch vielmehr freundlich unterstützen.

Kaum seid ihr still und entspannt, werden eure Gedanken von selber friedlich. Ihr dürft sie nicht dazu zwingen. Ihr dürft eure Gedanken auch nicht vertreiben. Wer still dasitzt und auf alles achtet, was rings umher geschieht, wird Zeuge, wie sich seine Gedanken von selber legen. Dies ist hier und jetzt möglich.

Bevor wir uns hinsetzen …

Setzt euch mit etwas Abstand voneinander hin, ihr braucht einander nicht zu berühren. Hier gibt es dermaßen viel Platz, hier stehen so viele Bäume … da kann sich jeder seinen eigenen Baum aussuchen. Haltet etwas mehr Abstand, sodass jeder völlig allein und passiv sein kann. Trennt euch voneinander … Ja, rückt vor. Jetzt ist mehr Luft zwischen euch.

Geht auf Abstand, hockt nicht so eng zusammen. Redet bitte nicht, ihr braucht nicht zu reden. Bewegt euch leise. Warum verderbt ihr euch die Freude, allein zu sein? Bewegt euch leiser. Sitzt bequem. Ihr braucht euch nicht zu quälen. Sitzt so bequem wie möglich. Ihr braucht keine bestimmte Stellung einzunehmen, euch weder zu belasten noch zu stressen. Fühlt euch absolut wohl.

Wenn während der Meditation z. B. ein Fuß wehtut, könnt ihr ihn leise bewegen. Wenn eure Hand ermüdet, ändert leise ihre Stellung. Egal wonach euch zumute ist ... habt keine Angst, dass es eure Meditation stört, wenn ihr euch bewegt. Meditation hat nichts mit Körperbewegung zu tun. Der Körper darf sich bewegen; solange euer Geist still und passiv ist, wird die Meditation davon nicht berührt. Doch wenn euer Fuß schwer geworden ist und ihr krampfhaft versucht ihn stillzuhalten und mit Gewalt zu kontrollieren, verschlingt der Fuß eure gesamte Aufmerksamkeit.

So, entspannt euch. Schließt sanft eure Augen, so sanft, dass es nicht auf die Augen drückt. Entspannt eure Lider, sie werden sich ganz von allein schließen, ganz zwanglos. Und nun entspannt euer Gehirn, statt es anzuspannen ... entspannt es vollkommen. Wir machen nichts, sondern ruhen uns aus. Setzt euch nicht unter Druck; lasst einfach los. Entspannt eure Verspannungen im Kopf, so wie man eine geballte Faust lockert.

Und jetzt: Stille. Lasst euch darauf ein, gar nichts zu tun: „Ich brauche nichts zu tun ... gar nichts zu tun ... überhaupt nichts zu tun ..." Lasst mehr und mehr dies Gefühl zu: „Ich brauch jetzt gar nichts zu tun."

Und dann lauscht still dem Wind, den Vögeln ... Hört still zu. Hört einfach nur zu, und schon wird es still in euch. Bloßes Zuhören bringt die Gedanken zum Schweigen. Jetzt steigt ein tiefes Schweigen in euch auf. Jetzt vergesst ihr, dass ihr hier seid. Nur der Wind, das Meer, die Vögel sind noch da, ihr aber nicht. Lauscht... Lauscht jetzt einfach nur mal zehn Minuten lang– still und friedlich. Lauscht still immer weiter.

(Eine Frau weint laut auf.)

Redet nicht. Helft ihr sich hinzulegen. Lasst sie sich ausstrecken. Lauscht still weiter. Lauscht friedlich weiter … Nach und nach werden sich die Gedanken legen, wird der Verstand schweigen. Der Wind weht, die Vögel zwitschern, dich gibt es nicht mehr … Löse dich restlos auf. Es gibt dich einfach nicht mehr. Schau still nach: Du bist tot. Dein Verstand wird immer stiller …

(Man hört nur Vogelgezwitscher; sonst ist alles still.)

Der Verstand wird still … Der Verstand steht still … Jetzt kommen keine Gedanken mehr … Der Verstand wird still … Der Verstand wird immer stiller. Jetzt steht der Verstand endgültig still. Der Wind ist da, die Vögel sind da, du bist nicht mehr da. Löse dich restlos auf. Alles ist still geworden. Der Verstand steht still. Es kommen keine Gedanken mehr: Jetzt schweigt der Verstand.

Hol jetzt ein paar Mal tief Luft … Hol ein paar Mal langsam tief Luft … Öffne ganz sanft deine Augen. Genauso still, wie es in dir ist, scheint es auch draußen zu sein. Öffne allmählich die Augen, öffne langsam die Augen …
Zum Schluss, möchte ich noch etwas sagen, und danach ist die Morgensitzung beendet.

Es kann vorkommen, dass einige von euch beim Meditieren rastlos werden. Die anderen brauchen sich deswegen keine Sorgen zu machen. Eine Emotion könnte aufwallen, jemand mag anfangen zu weinen, jemand mag anfangen zu lachen … doch niemand braucht sich deswegen Sorgen zu machen.

Andererseits dürft ihr aber auch nicht eure Gefühle unterdrücken; wenn sie zum Ausdruck kommen wollen, lasst ihnen ruhig ihren Lauf. Ein solches Überfließen kann tiefe Auswirkungen haben; die Freisetzung dieser Gefühle ist äußerst heilsam. Falls in euch Gefühle aufwallen, unterdrückt sie also bitte nicht. Alle hier sind Meditierer, sie werden Verständnis füreinander haben. Egal was geschieht – die anderen brauchen sich davon nicht stören zu lassen.

Ihr braucht eure Gefühle, wenn sie auf einmal aufsteigen, nicht mit Gewalt zu unterdrücken. Wenn euch nach Weinen zumute ist, dann weint. Wenn plötzlich Tränen kommen, lasst sie laufen. Gestattet eurem Verstand, alles zu machen, was er will. Wenn sich in euch etwas Tiefgefrorenes, Verdrängtes befindet und es endlich auftauen darf, wird der Verstand hinterher sehr still. Da hat also alles seine Richtigkeit.

Die Morgensitzung ist beendet.

3

Das Leben ist ein grenzenloses Mysterium

Es sind eine Reihe von Fragen zu dem gestellt worden, was ich heute Morgen gesagt habe. Ein Freund hat gefragt:

> *Osho,*
> *ist Wissen ein Hindernis für ein spirituelles Leben? Sind die heiligen Schriften nutzlos? Stimmt es wirklich, dass wir auf dem Wege zur Wahrheit nichts durch die Kenntnis der Lehren und Dogmen erfahren können?*

Andere haben ähnliche Fragen gestellt.

Ein kleiner Junge spielt im Garten hinterm Haus. Die Morgensonne ist aufgegangen, und ihre goldenen Strahlen überschütten das Haus und den Garten. Die Luft ist frisch und Schmetterlinge fliegen von Blume zu Blume. Der Junge liegt auf dem Rasen und spielt. Er denkt: „Wenn ich diese tanzenden Sonnenstrahlen einpacke, kann ich sie wegschließen und behalten." Er geht ins Haus und kommt mit einer Schachtel zurück. Darin verschließt er die Sonnenstahlen und auch die frische Luft. Dann läuft er fröhlich tanzend zu seiner Mutter und sagt: „Du wirst nicht erraten, was ich in diese Schachtel gesperrt habe: die tanzenden Sonnenstrahlen, die frische Morgenluft – das alles hab ich in dieser Schachtel!"

Ihm ist nicht bewusst, dass man nichts von dem, was er in die Schachtel getan hat, dort reintun kann. Ihm ist nicht bewusst, dass die Sonnenstrahlen, obwohl er die Schachtel ins Haus gebracht hat, immer noch draußen sind. Seine Mutter muss lachen und sagt: „Öffne die Schachtel. Zeig mir die Sonnenstrahlen, die du mir mitgebracht hast. Ich hab noch nie gehört, dass man frische Luft in eine Schachtel packen kann."

Stolz strahlend öffnet der Junge die Schachtel in der Gewissheit, dass seine Mutter überrascht sein wird. Wie er so dasteht, kommen ihm Tränen in die Augen: In der Schachtel ist es stockfinster – nicht ein einziger Sonnenstrahl, keine frische Morgenluft! Er beginnt zu weinen und sagt: „Ich hab sie doch alle in die Schachtel gepackt. Wo sind sie jetzt?"

Auch an der Küste der Wahrheit erlebt der Mensch die frische Luft und die Strahlen des Göttlichen. In dem Glauben, sie in Schachteln aus heiligen Schriften einsperren zu können. Er gibt sich die größte Mühe, diese Schachtel bis obenhin aufzufüllen. Aber wenn irgendwer sie öffnet, ist nichts da außer leeren Worten, leeren Kartons.

Nichts von dem, was im Leben wichtig ist, lässt sich in eine Schachtel packen; eine Erfahrung kann man unmöglich in eine Schachtel packen. Wörter sind nicht besser als Schachteln. Wir versuchen alles, was uns das Leben lehrt, in Worten einzufangen, und dann möchten wir es mitteilen. Wir schnappen uns alles, was wir verstehen, und kleiden es in Worte. Aber nur die Worte bleiben in unseren Händen. Alles, was wir aufgeschnappt haben, bleibt draußen. Es ist völlig ausgeschlossen, das Göttliche einzufangen und in Worte zu kleiden. Man kann es nur durch Stille ausdrücken, nicht aber mit Worten. Wir können das Göttliche nur in totaler Leere erfahren. Es lässt sich auf keinen Fall durch heilige Schriften ausdrücken.

Wir gehen davon aus, dass uns die heiligen Schriften Wissen vermitteln, aber es sind nur leere Worte. Die Leute, die diese Worte ursprünglich sprachen, mögen – aus Mitgefühl, aus Liebe – gedacht haben, sie könnten ihre Erfahrung so verewigen. Sie fanden, die ganze Menschheit solle verstehen, was sie erkannt haben. Doch diese Worte bleiben leer, wie leere Patronen. Erfahrungen können durch sie nicht übermittelt werden. Ohne eigene Erfahrung bleiben Wörter leere Patronenhülsen: Sie vermitteln nichts.

Wir fangen an, Wörter zu sammeln wie *Brahman* (das Allerhöchste), *Advaita*, (Einheit), *Sat-Chit-Anand*, (Wahrheit, Bewusstsein, Glückseligkeit). Diese Art von Wörtern haben wir seit jeher gesammelt, wir haben eine Menge davon. Wir halten sie in unseren Schachteln verschlossen und bilden uns dann ein, sie verstanden zu haben. Diese Illusion ist das Hindernis, welches uns davon abhält, irgendetwas zu verstehen. Darum sagte ich, dass Wissen euch nicht zur Tür des Göttlichen bringen kann; was euch dort hinbringt, ist die Erkenntnis: „Ich weiß überhaupt nichts."

Die Illusion, zu wissen, ist eine Folge von Wörtern. Die Illusion zu wissen ist die Folge von heiligen Schriften, ist die Folge von Lehren. Ein Sucher muss Mut beweisen: Wenn er die Wahrheit wissen möchte, muss er den Mut haben, auf Wörter zu verzichten. Was ist denn unser Wissen? Nur eine Kombination von Wörtern, sonst nichts. Wir haben dieses Wissen in uns bewahrt, und nur darum ist unser Ich – das wir für unser Selbst halten – stärker geworden. Wir bilden uns dann ein: „Ich bin Wer!" – nur weil unser Ich etwas weiß. Dieser riesige Brocken des Ich wird zusehends schwerer, zu einer Last. Vielleicht haben wir diese Worte nur gesammelt, um das Gefühl zu haben: „Ich bin Jemand", „Ich weiß Bescheid" oder „Ich bin nicht dumm."

Lasst euch gesagt sein: Alles, was euer Ich stärkt, wird sich mit Sicherheit bei eurer Wahrheitssuche als Hürde erweisen. Alles, was euer Ich stärker macht, alles, was euer Ich verfestigt, alles, was die Illusion erzeugt, dass das Ich existiere, wird ein Hindernis, ein schwerer Felsblock auf eurem Weg sein.

Einst saß ein Vater mit seinem Sohn am Meer, so wie wir es hier heute tun. Es war Abend und die Sonne ging unter. Der Vater wies mit dem Finger auf den Sonnenuntergang und sagte: „Geh unter, geh unter." Die Sonne sank und verschwand. Der Sohn war überwältigt von der Macht seines Vaters: Er konnte der Sonne befehlen unterzugehen, und sie gehorchte! Der Junge schaute zu ihm auf, ergriff seine Schultern und sagte: „Papa, da du so mächtig bist, tu mir den Gefallen, mach es noch mal. Zeig mir diesen Trick noch einmal."

Der Vater muss sich ertappt gefühlt haben, aber Schlauköpfe finden immer eine Ausrede. Er sagte: „Dieser Trick ist so verzwickt, dass man ihn nur einmal am Tag hinkriegt. Morgen Abend zeig ich ihn dir noch mal."

Ein Sohn mag seinen Vater für sein Wissen und seine Macht bewundern. Ein Schüler mag seinen Lehrer für seine Beschlagenheit bewundern. Ältere Menschen geben vor Kindern gern mit ihrem Wissen an und blasen damit vor allem ihr Ego auf. Doch das Leben lässt sich nicht betrügen. Wir können uns absolut täuschen. All unser Wissen beruht auf nichts weiter als Angeberei: „Schaut her, was ich alles weiß!" „Ja, ja, den kenne ich!" „Seht ihr, wie mächtig ich bin!" „Mir macht man nichts vor!" „Ich bin kein Schwächling!" Und in Wirklichkeit? Nichts als Kartenhäuser! Ein Windstoß, und unsere Luftschlösser werden wie dürres Laub weggepustet. Wie tief geht das Wissen des Menschen? Wie viel Kraft, wie viel Macht steht eigentlich hinter der Existenz des Menschen?

Wo steht der Mensch in diesem unendlichen All? Hat hat Macht? Undenkbar, dass der Mond und die Sterne überhaupt wahrnehmen, dass es uns gibt. Der Mond und die Sterne sind weit,

weit weg, aber sind sich die Bäume eigentlich unserer Existenz bewusst? Die Baumspitzen sind weit über uns, aber vielleicht ist sich dieser Sand hier bewusst, dass wir existieren? Was bedeutet unser Überleben in dieser unendlich weiten Existenz – mein Überleben, deines, das von uns Menschen.

Die Menschen haben sich ein sehr verlogenes Ich zugelegt. Eine der allertiefsten und fundamentalsten Illusionen unseres Ichs ist es, dass wir meinen, die Wahrheit des Lebens zu kennen. Nichts könnte falscher sein: Das Leben ist uns total unbekannt.

Jemand hat gefragt:

Osho,
mag ja sein, dass der Mensch ein paar wichtige Dinge nicht weiß,
aber zumindest weiß er doch einiges.

Das Leben macht keinen Unterschied zwischen wesentlichen und unwesentlichen Dingen – als wäre die Sonne groß und eine Lampe klein; selbst ein Kieselstein ist nicht klein – ein kleiner Kiesel enthält das Geheimnis der Existenz ebenso wie der gewaltige Himalaja. Ein Tropfen Wasser ist ebenso geheimnisvoll wie der Indische Ozean. Die Vorstellung von Groß und Klein existiert nur im menschlichen Geist. Die Existenz kennt keinen Unterschied zwischen dem Großen und dem Kleinen.

Folgende Geschichte ...
Eines Abends, die Sonne war kurz davor unterzugehen, rief sie laut: „Ich geh jetzt und es wird Nacht. Wer wird meinen Kampf fortsetzen? Wer wird statt meiner gegen die Finsternis kämpfen?" Der Mond schwieg, die Sterne schwiegen, aber eine kleine irdische Lampe sagte: „Ich werde die ganze Nacht über weiter-

kämpfen, bis du wiederkommst." Und so bekämpfte diese kleine Lampe die ganze Nacht lang die Finsternis.

Die Sonne mag zwar riesig sein, aber habt ihr je gesehen, wie eine kleine Lampe mit der Finsternis kämpft? Habt ihr je gesehen, wie die Flamme einer winzigen Lampe im Sturm flackert? Diese winzige Flamme enthält dasselbe Licht wie die große Sonne. Welches ist klein und welches ist groß?

Ein Dichter hat einmal gesagt, wenn er eine kleine Blume versteht, dann versteht er die ganze Welt, das ganze Universum, das ganze Leben. Nur durch eine kleine Blume. Wenn der Mensch eine kleine Blume wirklich ganz versteht, muss er nichts weiter wissen. Ist es uns möglich, das Meer zu verstehen, indem wir einen Wassertropfen untersuchen? Ist es uns möglich, das Leben als Ganzes zu verstehen, indem wir ein winziges Sandkorn betrachten? Nein, aber das ändert nichts daran, dass wir überhaupt nichts wissen ... Und was wir Wissen nennen, ist kein Wissen, sondern nur eine flüchtige Bekanntschaft – nützlich zwar, aber noch lange kein Wissen.

Edison ist jemand, der mir besonders am Herzen liegt ... Einmal besuchte er ein kleines Dorf. Im Laufe seines Lebens hatte er unzählige Erfindungen patentieren lassen. Es dürfte kaum einen anderen Wissenschaftler geben, der so viele Erfindungen vorzuweisen hat – eintausend! Und niemand kannte sich besser mit Elektrizität aus als er.

In dem Dorf kannte ihn niemand. In der Dorfschule fand gerade eine kleine Ausstellung statt: Die Kinder hatten Spielzeug und Spiele gebastelt. Die technisch Begabten hatten sogar elektrisches Spielzeug gemacht: ein kleines Boot, eine Eisenbahn und ein

Auto. Die Kinder erklärten den Besuchern begeistert, wie sie funktionierten.

Auf einem Spaziergang stieß Edison auf die Ausstellung und ging in die technische Abteilung. Die Kinder dort wollten ihm erklären, wie man ein Boot mit Elektrizität betreiben kann. Edison machte das Spaß – er war beeindruckt, was die Begeisterung der Kinder erst recht anfeuerte. Plötzlich fragte sie der betagte Edison: „Dass man ein Boot und einen Zug mit Elektrizität betreiben kann, ist ja schön und gut, aber darf ich euch mal was fragen? Denn da gibt es etwas, das ich nicht recht verstehe: Was ist Elektrizität eigentlich?

Die Kinder rätselten: „Elektrizität? Wir haben zwar das Boot gebaut, aber was Elektrizität ist, wissen wir auch nicht. Fragen wir doch unsern Lehrer." Sie riefen den Lehrer, und nun fragte Edison ihn. Der Lehrer lehrte Naturwissenschaft, war aber auch verwirrt. Er sagte: „Ich weiß zwar, wie Elektrizität funktioniert, aber was sie ist, weiß ich nicht. Doch das werden wir gleich haben. Unser Schuldirektor hat einen Doktor in Naturwissenschaft: Fragen wir ihn!"

Sie riefen ihren Direktor. Keiner ahnte, dass sie den Mann vor sich hatten, der sich besser mit Elektrizität auskannte als irgendwer sonst. Der Direktor kam, hörte die Frage und verfiel ins Grübeln. Edison präzisierte: „Ich will nicht wissen, wie Elektrizität funktioniert. Meine Frage lautet: Ist sie als eine Kombination verschiedener Dinge entstanden? Anders gesagt: Was ist Elektrizität? Der Direktor war überfragt und musste passen. Sie alle bedauerten das und wussten nicht weiter.

Da lachte der betagte Mann und sagte: „Ich hab mich ja noch gar nicht vorgestellt. Meine Name ist Edison. Und nicht einmal ich weiß, was Elektrizität ist!"

Dies nenne ich Bescheidenheit. Und ohne solche Bescheidenheit kann man kein Wahrheitssucher werden. Edison war bereit zuzugeben, dass nicht einmal er wusste, was Elektrizität ist. Daran erkennt man einen religiösen Menschen – dass er das grenzenlose Mysterium des Lebens akzeptiert.

Wer das grenzenlose Mysterium des Lebens akzeptiert, wird kein Wissen beanspruchen – denn das eine schließt das andere aus. Wenn jemand behauptet Bescheid zu wissen, sagt er damit: „Jetzt ist das Leben enträtselt. Da ich alles weiß, birgt das Leben für mich kein Geheimnis mehr." Wenn aber einer „Ich weiß nicht" sagt, heißt dies, dass das Leben ein Geheimnis, ein ewiges Geheimnis ist.

Warum lege ich so viel Wert auf die Unschuld des Einzelnen? Nur damit ihr das Geheimnisvolle des Lebens niemals aus den Augen verliert. Für den Gelehrten gibt es kein Geheimnis; sobald er Bescheid weiß, ist es damit vorbei. Seit Urzeiten zerstören die heiligen Schriften das Geheimnis des Lebens. Sie beschreiben alles, als würden sie sich genau auskennen. Fragt man sie: „Wer hat die Welt erschaffen?", antworten sie wie aus der Pistole geschossen: „Gott hat die Welt erschaffen." Manche sagen sogar: „In sechs Tagen erschuf er sie, und am siebten Tag ruhte er sich aus." Einige von ihnen nennen sogar Tag und Datum der Schöpfung und sagen: „Das Leben begann viertausend Jahre vor Christus, an dem-und-dem Tag."

Diese Leute haben auf alles eine Antwort. Wie kann ein Mensch wissen, wann das Leben entstand? Der Mensch taucht aus dem

Nirgendwo mitten in der Ewigkeit auf; woher will er wissen, wann das Leben begann? Woher wollen die Wellen wissen, wann das Meer erschaffen wurde? Wellen gibt es erst, seit es das Meer gibt. Als es noch kein Meer gab, waren noch keine Wellen da. Woher also wollen die Wellen das wissen?

Wie kann der Mensch es wissen; wie kann irgendwer wissen, wie und wann das Leben entstand? Er kann es nicht – aber gegen die Eitelkeit des Schriftgelehrten ist kein Kraut gewachsen. Er ist nie um eine Antwort verlegen. Es gibt keine einzige Frage, die er nicht beantworten könnte. Es gibt keine einzige Frage, auf die er sagt: „Weiß ich nicht." Man kann mit jeder Frage zu ihm kommen; seine heilige Schrift hat stets eine vorgefertigte Antwort.

Darum sage ich: Es ist für einen Wissenschaftler durchaus möglich, die Wahrheit des Lebens zu finden; denn das wissenschaftliche Denken ist bescheiden. Schriftgelehrte können niemals zu Gott finden, weil sie für alles Antworten haben; sie kennen sich aus, sie sind allwissend – es gibt nichts, was sie nicht wissen. Mit ihrem Wissen erschlagen diese Leute das Geheimnis des Lebens. Leider ist ihnen das nicht bewusst; das ist der Grund, warum die Religion sich langsam aus dem Leben der Menschen zurückzieht.

Will man den Menschen auf den Weg zur Religion führen, müssen wir in ihm den Sinn fürs Mysterium wecken. Darum sagte ich euch heute Morgen, dass der Mensch sich sein Nichtwissen eingestehen muss – das ist unausweichlich. Wer nicht weiß, dass er nichts weiß, kann nicht weiterreisen.

Jemand hat gefragt:

Osho,
ist es möglich, dass man aufgrund bestimmter Umstände nicht auf
Wahrheitssuche gehen kann?

Ich kenne die Situation des Fragestellers nicht. Aber ich kann mir
auch keine Situation vorstellen, die jemanden hindern könnte,
auf Wahrheitssuche zu gehen. Der Mensch schiebt immer alles
auf die Umstände – und im Erfinden von Ausreden sind wir
Experten. Wir haben stets eine Ausrede parat, wenn wir etwas
Bestimmtes nicht tun wollen.

Ein Tempel wurde gebaut …

Freiwillige aus den Nachbardörfern boten ihre Mithilfe an. Der
Bauleiter machte die Runde durch alle Dörfer und bat die Leute
um Unterstützung auf der Baustelle. Der eine konnte Ziegelsteine beisteuern, ein anderer konnte mitmauern, jemand stiftete
Steine, wieder ein anderer konnte Lehm anrühren, sodass sich
jeder am Bau des Tempels beteiligte. Wenn nur eine Person
einen Tempel errichtet, kann daraus sein persönlicher Ego-Trip
werden, der Tempel seines Ichs werden. Aber diese Dörfler
waren sehr vernünftig. Selbst Leute aus fernen Gemeinden
kamen, um diesen Tempel zu bauen; er wurde nicht mit den Zie-
geln und Steinen eines einzelnen Ego errichtet.

Die Arbeit war bereits im Gange, als irgendwann jemand auf der
Baustelle erschien und einfach nur niedergeschlagen dastand.
Statt zu arbeiten, setzte er sich still unter einen Baum. Ein paar
Bauleute fragten ihn: „Freund, willst du uns denn nicht mithel-
fen? Wir können Hilfe gebrauchen!"

Der Mann erwiderte: „Ach, wie gern würde ich beim Bau dieses Tempels mitarbeiten. Nichts täte ich lieber! Aber was kann ein Mann mit leerem Magen ausrichten? Ich habe Hunger. Wer kann schon mit leerem Magen arbeiten?"

Da die Bauleute das verstanden, nahmen sie ihn mit in ihr Dorf und setzten ihm ein üppiges Mahl vor. Danach nahmen sie ihn wieder mit zur Baustelle und gingen an die Arbeit. Doch der Mann blieb unter demselben Baum wie am Morgen stehen und machte keine Anstalten mitzuhelfen. Er rührte keinen Finger. Als man ihr fragte, warum er nicht half, erwiderte er: „Wie gern würde ich mich am Bau dieses göttlichen Tempels beteiligen. Aber wie soll man mit vollem Magen arbeiten?" Am Vormittag konnte er nicht mit leerem Magen arbeiten, jetzt hatte er einen vollen Magen und konnte deshalb nicht helfen. Wann würde er je arbeiten wollen?

Die einen können nicht auf Wahrheitssuche gehen, weil sie arm sind; andere können nicht auf Wahrheitssuche gehen, weil sie reich sind. Manche machen keinen Schritt in diese Richtung, weil sie einen leeren Magen haben; manche können die Reise nicht antreten, weil sie einen vollen Magen haben. Mir sind schon Leute in allen denkbaren Umständen untergekommen, und alle behaupten sie, wegen ihrer Umstände nichts machen zu können. Mir ist noch kein einziger untergekommen, der dank seiner Umstände in der Lage wäre, etwas zu machen.

Natürlich steckte etwas ganz anderes dahinter. Der wahre Grund sind nicht die Umstände. Wir haben immer eine Rechtfertigung parat, warum wir bestimmte Dinge nicht tun; wir erfinden immer irgendeine logische Erklärung, dann hat die Seele Ruh. Was für Umstände könnten uns davon abhalten, liebevoll zu sein? Was für Umstände könnten uns davon abhalten, mal für eine Weile friedlich und still zu sein? Jeder, der den Wunsch hat auf Wahrheitssuche zu gehen, kann sie antreten, in jeder Situation, unter allen Umständen.

Der König von Yunan hatte seinen Großwesir zum Tode verurteilt. Noch am selben Nachmittag marschierten Soldaten zu dessen Haus, umringten es und teilten ihm mit, er stehe unter Hausarrest und werde Punkt sechs Uhr auf Befehl des Königs gehenkt.

Der Großwesir hatte Geburtstag, und seine Gäste hatten sich bereits in seinem Hause zum abendlichen Festmahl versammelt. Ein ebenfalls geladener berühmter Musiker betrat soeben mit seiner *Veena* das Haus, denn gleich sollte das Konzert beginnen.

Als er die Ankündigung der Soldaten hörte, wurde der Musiker nervös und legte seine *Veena* weg. Auch die Freunde des Verurteilten waren tief betrübt; seine Frau brach in Tränen aus. Doch der Großwesir sagte: „Wir haben noch genug Zeit bis sechs Uhr. Bis dahin kann der Musiker eins seiner Stücke spielen. Unser König war so gnädig, mich erst um sechs henken zu lassen. Wir haben noch Zeit genug, bis mein Stündlein geschlagen hat. Bis dahin kann uns nichts beirren."

Seine Freunde fragten: „Wie könnten wir unser Mahl genießen?" Der Musiker fragte: „Wie könnte ich die *Veena* spielen? Die Situation ist für Musik absolut ungeeignet."

Der Großwesir, den Tod vor Augen, begann zu lachen und sagte: „Könnte es eine geeignetere Situation geben? Ich werde um sechs Uhr sterben. Was könnte ich Besseres tun, als bis dahin deiner

Musik zu lauschen? Was könnte ich Besseres tun, als mit meinen Freunden zu lachen? Ich muss um sechs Uhr von euch Abschied nehmen. Was also könnte besser sein, als mit meinen Freunden zu feiern und mein Haus in einen Festsaal zu verwandeln?"

Seine Familienmitglieder sagten: „Unter diesen Umständen kommt ein Konzert oder ein Festmahl überhaupt nicht infrage!" Der Großwesir blieb dabei: „Kann es einen geeigneteren Anlass geben? Da ich mich um sechs ein für allemal verabschieden muss, ist es das Beste, meinen Abschied von euch mit Musik zu begleiten; ist es das Beste, mit meinen Freunden zu feiern; ist es das Beste, mein Haus zum Festsaal zu machen. Könnte es etwas Besseres geben, als dass meine Freunde meine letzten Augenblicke, die ich soeben erlebe, niemals vergessen werden?"

Somit wurde in seinem Haus weiter die *Veena* gespielt, weiter geschmaust, so traurig und betrübt die Gäste und der Musiker auch waren. Als der König dies erfuhr, ging er persönlich hin, um zu prüfen, ob sein Großwesir wahnsinnig geworden sei. Als er sich dessen Haus näherte, hörte und sah er, dass dort auf der *Veena* gespielt und ein Fest gefeiert wurde. Als der König das Haus betrat, sah er seinen Großwesir äußerst zufrieden dasitzen. Der König fragte: „Was geht hier vor? Bist du wahnsinnig? Ist es etwa nicht zu dir durchgedrungen, dass du heut Abend um sechs am Galgen sterben wirst?"

Der Großwesir erwiderte: „Das weiß ich sehr wohl, und eben deshalb habe ich beschlossen, erst recht zu feiern. Umso mehr, als ich um sechs Uhr scheiden muss. Wir wollen bis dahin so ausgelassen wie möglich feiern, damit jeder hier die letzten Augenblicke meines Lebens nie wieder vergessen wird."

Der König darauf: „Es wäre eine Schande, diesen Menschen an den Galgen zu hängen. Jemanden, der es versteht zu leben, darf man nicht zum Tode verurteilen. Ich ziehe das Urteil zurück. Wie könnte ich einen so liebenswerten Menschen umbringen!"

Was richtig im Leben ist, hängt nicht von den Umständen ab. Sondern davon, wie wir mit unseren Umständen umgehen – mit welcher Einstellung, mit welchen Absichten. Ich kenne keine Situation in diesem Leben, die dich davon abhalten kann, auf Wahrheitssuche zu gehen. Auf diesem Pfad könnt ihr euch nur selbst das Hindernis sein, und das ist ein Unterschied. Wenn das so ist, dann kann dich alles und jedes davon abhalten, weil es nie etwas gegeben hat und nie etwas geben wird, das dich wirklich abhalten kann. Versuche das bewusst zu beobachten, mach nicht die Umstände dafür verantwortlich. Beobachte ganz bewusst, ob deine Sichtweise falsch ist, ob das Annehmen der Situation ein Fehler war, ob du vielleicht von einem falschen Gesichtspunkt aus auf etwas schaust.

Dazu fällt mir ein …

Eine koreanische Nonne verirrte sich eines Abends und kam in ein ganz anderes Dorf, als sie vorhatte. Also klopfte sie in einem Haus an. Es war Mitternacht. Die Tür ging auf. Die Leute jenes Dorfes gehörten einer anderen Religion an.

Der Hausherr schlug ihr mit Worten die Tür vor der Nase zu: „Gute Frau, du hast hier nichts zu suchen. Wir sind gegen deine Religion. Geh woanders hin. In unserm Dorf wirst du kaum unterkommen, weil wir hier eine andere Religion haben. Unsere Religionen sind verfeindet, sie bekämpfen sich. Zwischen uns liegen Welten, wir nehmen keine Flüchtlinge der anderen Religion auf. Weder vertrauen noch lieben wir die der anderen Religion." Nachts sind die Türen der Leute meistens verschlossen. In jenem Dorf waren alle Türen verschlossen. Die Nonne versuchte es zwar noch an drei oder vier weiteren Türen, doch sie blieben ihr verschlossen. Es war eine kalte Nacht, und die Frau war allein. Wo konnte sie hin? Aber sogenannte religiöse Leute sind nicht sonderlich menschlich. Sie interessiert nur, ob jemand ein Hindu oder ein Moslem oder ein Buddhist oder ein Jaina ist. Niemand schätzt je einen anderen einfach nur als Mensch.

Die Frau musste das Dorf mitten in der Nacht verlassen. Sie ging hinaus und schlief unter einem Baum. Nach ein paar Stunden weckte die Kälte sie auf. Als sie die Augen aufschlug, war der Himmel über ihr voller Sterne. Der Baum, unter dem sie schlief, war aufgeblüht, und der Duft seiner Blüten erfüllte die Luft um sie her. Wenn sich die Blüten öffneten, schimmerten und zitterten sie. Etwa eine halbe Stunde lang beobachtete sie schweigend, wie sich die Knospen öffneten.

Wie gebannt sah sie, wie die Knospen aufblühten, sah sie auf zum Sternenhimmel. Dann sprang sie auf und rannte ins Dorf und klopfte an dieselben Türen, die man ihr vor der Nase zugeschlagen hatte. Die Leute fragten sich, wer sie da mitten in der Nacht schon wieder störe. Als sie öffneten und dieselbe Nonne vor ihnen stand, sagten sie: „Wir haben dir doch gesagt, dass dir unsere Türen verschlossen sind. Wieso kommst du wieder?"

Doch die Augen der Nonne waren voll dankbarer Tränen. Sie sagte: „Diesmal bitte ich nicht um Unterkunft, sondern bin nur gekommen, um mich zu bedanken. Hättet ihr mich aufgenommen, wären mir die funkelnden Sterne am Himmel und die aufblühenden Knospen entgangen. Dafür will ich mich jetzt bedanken. Ihr wart so gut und habt mir eure Türen verschlossen, sodass ich unter freiem Himmel schlafen konnte. Euer Segen hat mich vor der Enge eurer Häuser bewahrt, sodass ich auf offenem Feld schlafen musste. Als ihr mich wegschicktet, dachte ich: „Was seid ihr für schlechte Leute. Aber jetzt möchte ich euch sagen, wie gut die Leute in diesem Dorf sind. Dafür möchte ich euch jetzt danken. Gott segne euch! Euch verdanke ich eine Nacht voller Offenbarungen.

Heut Nacht habe ich die Erfahrung der Glückseligkeit gemacht. Heut Nacht habe ich gesehen, wie Knospen aufbrechen. Diese Erfahrungen haben meine knospende Seele geöffnet. In dieser stillen Nacht habe ich die Sterne am Himmel gesehen, und mir ist, als hätte sich mir mein innerer Himmel aufgetan und mir die Sterne dort offenbart. Ich bin gekommen, euch hierfür zu danken. Die Leute hier sind einfach wunderbar."

Tatsächlich spielen die Umstände überhaupt keine Rolle. Es kommt nur darauf an, wie wir mit unsern Umständen umgehen. Jeder sollte lernen, sich jeder beliebigen Situation zu stellen. Dann wird ein auf der Straße liegender Stein zum Schrittstein. Wenn wir uns angewöhnen, unsere Umstände durch die falsche Brille zu betrachten, kommt uns sogar ein Schrittstein vor wie ein Hindernis auf dem Weg, können wir einen Glücksfall als Unfall und einen Unfall als Glücksfall betrachten. Es kommt ganz darauf an, wie wir's nehmen, wie wir es verstehen, welche Brille wir tragen, wie wir das Leben betrachten und was wir aus unserm Leben machen.

Betrachtet das Leben voller Hoffnung. Wenn ein Wahrheitssucher das Leben hoffnungslos findet, kommt er keinen Schritt vorwärts. Bewahrt euch eure Hoffnung. Wenn ein Wahrheitssucher den

Mut verliert, wenn er das Leben betrachtet, dann erlahmt seine Suche. Betrachtet das Leben mit Mut, grenzenlosem Mut. Wenn ihr das Leben mit Ungeduld betrachtet, wenn ihr zu schnell rennt, dann tretet ihr nur auf der Stelle. Betrachtet das Leben mit Geduld, grenzenloser Geduld, wohlwissend, dass was heute nicht geschehen ist, morgen geschehen wird. Und wenn nicht morgen, dann eben übermorgen. Habt Geduld und Hoffnung.

Der Mensch folgt dem Pfad des Unbekannten, wo es keine Meilensteine gibt, die anzeigen, wie weit er den Weg des Alleinseins schon gegangen ist. Da es außer ihm niemanden gibt, kann er nicht prüfen, wie weit er fortgeschritten ist. Er legt den Weg zur Wahrheit allein zurück. Wenn er keine grenzenlose Geduld hat, wenn er keine Hoffnung hat, wenn er keine positive Lebenseinstellung hat, wenn ihm die Andacht fehlt, wird er es sehr schwer haben, weiterzugehen.

In diesem Zusammenhang solltet ihr ein paar Dinge verstehen …

Es gibt noch weitere Fragen, die ich noch nicht beantwortet habe, aber die können bis morgen warten. Sobald diese Punkte geklärt sind, werden wir mit der Abendmeditation anfangen. Wie ich schon sagte, sollte die Einstellung des Wahrheitssuchers voller Hoffnung sein. Im Allgemeinen mangelt es unserer Einstellung an Hoffnung. Wir achten immer auf die dunkle Seite von allem. Wir nehmen immer einen Standpunkt ein, von dem aus alles traurig, problematisch und negativ wirkt.

Ein Mann kam einmal in ein Dorf, das ihm unbekannt war. Er sagte: „Ich suche nach dem-und-dem. Ich weiß nur, dass er ein wunderbarer Flötenspieler ist." Der Angesprochene erwiderte: „Ach der! Wie soll der Kerl Flöte spielen – er ist ein Dieb, ein

Lügner, er ist unehrlich. Wie könnte er Flöte spielen? Es gibt in unserer Gemeinde keinen größeren Dieb als ihn."

Der Fremde erwiderte: „Wie also soll ich mich nach ihm erkundigen? Ich muss in ausfindig machen. Sollte ich fragen: „Wo wohnt der größte Dieb in eurem Dorf?" Er bekam zur Antwort: „Wenn du so fragst, könntest du vielleicht seine Adresse bekommen."

Er fragte jemand anders aus dem Dorf und sagte: „Ich suche nach jemandem, der ein großer Dieb und Lügner ist. Er ist ein Betrüger." Er bekam zur Antwort: „Ich kann nicht glauben, dass er lügt, stiehlt und betrügt. Dafür spielt er zu schön Flöte."

Jemand spielt Flöte. Für den einen kann einer, der so gut Flöte spielt, nicht stehlen. Für einen andern, der ihn für einen Dieb, einen elenden Dieb hält, kann er nicht Flöte spielen.

Es kommt ganz darauf an, wie wir alles sehen – von welchem Standpunkt aus wir alles betrachten. Wonach suchen wir in unserm Leben, in den Menschen um uns her, in unseren Umständen, in unserer Umgebung? Suchen wir nach der lichten, der hellen Seite oder nach der dunklen Seite? Wonach suchen wir? Suchen wir nach Sonnenstrahlen oder finsteren Ecken? Wenn wir ein Rosenbeet sehen, zählen wir dann die Blütenknospen oder die Dornen? Wenn jemand neben uns sitzt, sehen wir ihn durch ein Fenster der Wertschätzung oder der Verdammung? Wonach suchen wir? Was ist unser Standpunkt? Mit der Zeit bauen wir nach und nach in uns ein Gefühl auf, das dem Standpunkt entspricht, den wir einnehmen – egal welchen.

Ein Suchender sollte sich eindeutig für die Hoffnung entscheiden. Er sollte die helle Seite von allem erkennen können, sollte in jeder Situation das Gute ausfindig machen. In einem Dornengestrüpp sollte er eine Blume wahrnehmen können. Dann wird sein Weg frei von Dornen bleiben. Jeden Tag wird er auf immer tiefere Wege stoßen, die ihn zu Blumen hinführen werden.

Es überrascht nicht, dass wir bekommen, wonach wir suchen. Denn wir bekommen nur das, wonach wir suchen. Daher sollten wir unsere Situation gründlich prüfen. Besteht die Möglichkeit, dass sie zu etwas Gutem führen wird? Begünstigt uns unsere gegenwärtige Situation? Ist sie offen für Freundschaft? Gibt es in unseren Umständen etwas, das uns Türen zu öffnen vermag? Wenn wir danach suchen, können wir etwas finden. Vieles kann geschehen, es kann noch viel mehr geschehen. Wenn wir nicht danach suchen, oder nach den verkehrten Dingen suchen, werden wir auch nichts finden.

Ein Mann hat sich am Fuß verletzt – er wird nicht fertig damit, ist tief betrübt und beschuldigt Gott. Er nimmt in einem New Yorker Wolkenkratzer den Aufzug zur Spitze. Unterwegs fällt ihm ein anderer Mann auf, der singend auf einem Stuhl sitzt – und keine Beine hat! Er selbst beschwert sich über Gott wegen einer kleinen Fußverletzung. Er erkundigt sich: „Guter Mann, wieso sitzen Sie hier und singen und lachen, obwohl Ihnen beide Beine amputiert worden sind?"

Der Mann erwidert: „Ich hab immer noch zwei Augen, ich hab immer noch zwei Arme. Ich habe mal einen gesehen, der beide Augen verloren hat. Ich hab zwei Beine verloren – na und? Ich hab immer noch zwei Arme und zwei Augen. Und alles Übrige obendrein. Soll ich Gott vorwerfen, mir meine Beine genommen zu haben, oder soll ich ihm für all die Dinge danken, die ich immer noch habe? Was würden Sie an meiner Stelle tun?"

Und noch etwas: Ist es etwa ausgeschlossen, irgendwann im Laufe des Tages mal Abstand von eurer Situation zu nehmen? Nacht für Nacht befreit euch der Schlaf von ihr. Wenn ihr schlaft, spielen eure Umstände keinerlei Rolle mehr. Dann seid ihr weder arm noch reich, weder traurig noch froh. Der Schlaf führt euch an einen Punkt, wo eure Umstände nicht mehr an euch rankommen können. Könnt ihr euch da nicht auch mal für ein Weilchen bewusst von ihnen distanzieren? Und vergesst nicht: Wer es schafft, sich bei vollem Bewusstsein – zumindest ein paar Momente lang! – von seinen äußeren Umständen zu distanzieren, kennt das Geheimnis, sie ein für allemal hinter sich zu lassen. Wer auch nur einen Moment lang seine Identifizierungen aufzugeben vermag, der hat erkannt, dass das menschliche Bewusstsein seine äußeren Umstände für immer hinter sich lassen kann.

Die Nacht beginnt, dann folgt der Morgen. Die Sonne geht auf, und später geht sie wieder unter. Alles spielt sich um euch herum ab – und ihr bleibt ständig außen vor. Sobald euch dieser Abstand bewusst wird, sobald euch dieses ewige Auf und Ab, dies Kommen und Gehen der Jahreszeiten bewusst wird und ihr erkennt: „Ich stehe abseits von diesem Lebensstrom, allein und fern. Der Sommer kommt, der Winter kommt, die Regenzeit kommt, und dann wieder der Sommer. Nichts berührt mich. Nichts überwältigt meinen Geist. Nichts dringt in mich ein und verändert mich. Ich bleibe einfach nur der, der ich bin, nur die Situationen kommen und ändern sich." Am Tage, da ihr das vollends versteht, und sei es auch nur eine Minute lang – am selben Tag, vom selben Tag an könnt ihr für den Rest eures Lebens innerlich Abstand halten.

Darum müsst ihr lernen, euch von euren Umständen zu befreien, zumindest ab und zu mal. Es bringt nichts, sich über eine Situation zu beklagen. Meditation heißt nichts weiter, als ab und zu mal aus seinen Umständen auszusteigen. Das ist die Bedeutung von Meditation: Aus seinem Gewohntem auszusteigen, auf Abstand zu gehen, alles hinter sich zu lassen und aufzusteigen – so als säße man im Flugzeug: Man blickt auf die Bäume hinunter, auf die Berge hinunter … Genauso kann man in die Leere der Meditation eingehen.

So könnt ihr eure Umstände, euren Haushalt und eure Familie hinter euch lassen, indem ihr meditiert. Denn damit wechselt euer Bewusstsein die Richtung. Dann merkt ihr, dass ihr zwar von euren Umständen umgeben seid, sie aber von außen seht. Ganz genau so, wie Wolken die Sonne bedecken, bewölken deine Umstände dein Bewusstsein – es selbst aber steht weit über den Umständen. Diese Erfahrung, eure Umstände hinter euch lassen, von allem Abstand zu nehmen zu können, ist eine Folge von Meditation.

Schiebt nicht die Schuld auf die Umstände; sucht nach einem Ausweg. Es gibt auf dieser Welt keine einzige Situation, keine einzige Stelle, von der aus kein Weg zum Göttlichen führt. Mag sein, dass der Weg ab und zu etwas uneben, etwas steinig wird. Es mag zu Zusammenstößen kommen – etwas muss kaputtgehen, mal muss man kämpfen – aber es gibt keinen Ort, von wo aus kein Weg zum Göttlichen führt.

Zum Abschluss möchte ich euch sagen, dass alle, die auf einem beschwerlichen Pfad unterwegs sind, eine andere Art der Befriedigung empfinden, wenn Sie ihr Ziel erreichen. Ihre Freude ist durchaus anders. Die Geschichte und das Staunen über das Geleistete, ihr Triumph, ist von anderer Art. Hab also keine Angst. Wenn du einem schwierigen Weg folgst, magst du auf süßes Wasser stoßen. Wenn du voller Erwartung und Hoffnung unbeirrt weitergehst, erreichst du zwangsläufig deine Bestimmung.

Und nun etwas über die Abendmeditation.

Danach beginnt die Meditation. Die Morgenmeditation findet nach dem Aufwachen statt. Die Abendmeditation findet vor dem Zubettgehen statt.

Was diese Meditation betrifft, so behaltet zwei Dinge im Auge. Die Nacht ist eine geheimnisvolle Chance, ein großes Ereignis. Wenn ihr einschlaft, nachdem ihr in Meditation wart, dann wird bald danach die ganze Nacht meditativ, transformiert werden. Wenn euer Bewusstsein beim Einschlafen meditativ wird, dann wird nach und nach die ganze Nacht, euer ganzer Schlaf von Meditation durchdrungen sein.

Vielleicht ist euch nicht bewusst, dass ihr im Moment des Einschlafens eine Schwelle überschreitet: Der Wachzustand endet, der Schlaf beginnt. Die ganze Nacht lang kreist euer Bewusstsein um euren jetzigen Zustand. Wenn ihr innerlich verspannt seid, bleibt ihr es die ganze Nacht lang. Wenn ihr wütend seid, dann dreht sich die Nacht über alles nur um den Auslöser dieser Angst. Studenten, die ihr Examen machen, wissen das: Wenn sie bis spät in die Nacht büffeln, dann sind sie auch in der Nacht mit ihrem Examen beschäftigt. Die ganze Nacht kreist um das Thema, das euch beim Einschlafen beschäftigt hat. Dann kreisen eure Gedanken um dies eine Thema.

Ihr mögt es noch nie bemerkt haben … aber achtet mal drauf, und ihr werdet sehen, dass euer Geist, wenn ihr morgens aufwacht, sofort wieder genau das aufgreift, was ihr beim Einschlafen gefühlt oder gedacht habt. Morgens geht es immer genau dort weiter, wo ihr abends beim Einschlafen aufgehört habt. Darum lohnt es sich, nachts zu meditieren. Wenn es euch möglich ist einzuschlafen, während ihr nachts meditiert, wird das in eurem Leben eine fundamentale Verwandlung auslösen. Dann werdet ihr am Morgen als ein vollkommen neuer Mensch aufwachen. Dann wird euch, sobald ihr aufwacht, als erstes Meditation in den Sinn kommen.

Wer nachts sechs Stunden lang friedlich zu schlafen vermag, der wird rund um die Uhr friedlich sein, der wird ein frischer Mensch, ein neuer Mensch sein. Leute, die nachts meditativ zu Bett gehen, die auf diese Art schlafen, berichten mir, noch nie einen so tiefen Schlaf erlebt zu haben. Wenn Meditation und Schlaf Hand in Hand gehen, entsteht etwas absolut Neues.

Die Meditation, die wir gleich machen, ist für die Zeit vorm Zubettgehen gedacht. Legt euch, wenn all eure Tagesgeschäfte erledigt sind, wenn es nichts mehr zu tun gibt, auf euer Bett und meditiert, so wie gleich, fünfzehn Minuten lang. Dann steht nicht mehr auf und gleitet in den Schlaf hinüber. Macht nichts mehr, geht still in den Schlaf. Der Strom, der mit der Meditation begonnen hat, soll in deinen Schlaf übergehen, eine Unterströmung, die in den Schlaf hineinführt.

Dieses Experiment hat im Liegen stattzufinden. Legt euch aufs Bett und experimentiert vor dem Einschlafen, und beachtet dabei folgende Punkte:

Erstens: Man muss unbedingt den ganzen Körper entspannen. Der Körper sollte entspannt bleiben, er darf nirgends verspannt sein. Lockert den Körper vollkommen, so als hätte er keine Energie mehr. Lasst jeden einzelnen Körperteil, einen nach dem andern, völlig locker werden. Liegt entspannt da. Und jetzt schließt ganz langsam die Augen. Ermuntert euren Körper, sich zu entspannen. Nehmt euch dafür etwas Zeit. Spürt eine oder zwei Minuten lang, wie sich der Körper lockert, wie der Körper immer lockerer wird.

Wenn ihr eine oder zwei Wochen lang regelmäßig diese Übung macht, wird euer Körper völlig entspannt sein. Wenn euer Körper locker ist, habt ihr das Gefühl, keinen Körper zu haben. Wenn euer Körper völlig entspannt ist, fühlt es sich an, als wäre kein Körper da, als existiere euer Körper gar nicht. Ihr nehmt euren Körper nur bei einer Verspannung, bei Stress wahr. Wenn euer Körper entspannt ist, nehmt ihr euren Körper nicht wahr.

Ihr kennt das sicher: Man nimmt seinen Fuß erst wahr, wenn ihn ein Dorn sticht. Wenn man Kopfweh hat, spürt man seinen Kopf. Wenn kein Dorn im Fuß steckt, spürt man ihn gar nicht, weiß man nicht, ob der Fuß da ist oder nicht. Man spürt seinen Körper immer nur an den Stellen, wo er Stress hat.

Das Kriterium eines gesunden Körpers ist, dass man ihn nicht spürt. Eine Krankheit spürt man, aber Gesundheit ist einfach nicht zu spüren. Beim Meditieren müsst ihr dem Körper erlauben, so locker zu werden, dass ihr seine Existenz nicht mehr wahrnehmt. Experimentiert damit zwei Wochen lang. Wer von euch gleich rückhaltlos alles gibt, kann diese Erfahrung schon heute Abend machen – als gäbe es seinen Körper nicht mehr, als wäre sein Körper einfach verschwunden. Gebt eurem Körper zwei bis drei Minuten Zeit, um sich zu entspannen. Danach versucht euren Atem zu entspannen. Statt kontrolliert zu atmen, atmet entspannt. Wenn er kommt, kommt er; wenn er geht, geht er. Habt zwei bis drei Minuten das Gefühl, dass euer Atem friedlich wird … immer friedlicher wird. Sobald ihr spürt, dass er friedlich ist, wird er von selber so weiter atmen. Ihr werdet merken, dass ihr sehr langsam ein- und ausatmet. Wenn ihr ein paar Tage damit experimentiert, werdet ihr kaum noch merken, ob ihr ein- oder ausatmet – so friedlich wird er. Wenn ihr entspannt seid, wird euer Atem von selber friedlich. Wenn ihr friedlich atmet, verblassen eure Gedanken. Dann solltet ihr euch die dritte Suggestion geben, nämlich dass sogar eure Gedanken friedlich werden. Diese drei Suggestionen müsst ihr euch geben.

Heute Früh haben wir bereits damit experimentiert. Als Viertes denkt bitte daran, still zu Bett zu gehen und dem Wind, den Bäumen, dem Meer still zu lauschen. Und wenn es andere Geräusche gibt – Fußgänger oder Fahrzeuge passieren die Straße, Taxis fahren vorbei, Lkws fahren vorbei – lauscht allem still und blendet nichts aus.

Erlaubt drei Dingen – dem Körper, dem Atem, und euren Gedanken – friedlich zu sein. Und dann wiederholt das Experiment von heut Früh. Setzt es fort, wenn ihr im Bett liegt. Schlaft ein, und sinkt immer tiefer in jene Stille.

Wir werden hier diese Meditation üben, bis ihr sie verstanden habt. Kehrt danach heim; macht sie vor dem Zubettgehen und schlaft dann ein. Es ist wichtig, sie hier zu machen, sodass ihr sie wirklich versteht. Wenn ihr sie jetzt macht, kann das schon bedeutsam für euch sein, je nachdem wie tief euer Wunsch, eure Sehnsucht ist, das zu verstehen.

Jetzt werden wir die Meditation machen.

Bitte verteilt euch, damit ihr euch hinlegen könnt. Danach wird das Licht ausgeschaltet. Heute werde ich euch die Suggestionen geben, damit ihr wisst, was für Suggestionen ihr euch selbst geben müsst. Später könnt ihr das in eurem Zimmer üben und dann einschlafen. Es ist Platz für alle da, nehmt euch den Raum.

Macht es euch bequem, kommt euch nicht zu nahe. Niemand sollte irgendwen berühren. Macht Platz, damit alle sich still hinlegen können ohne zu reden. Rückt auseinander, denn sonst könnt ihr euch nicht hinlegen.

Sprecht nicht dabei, denn es gibt nichts zu reden. Redet bitte nicht; niemand darf gestört werden. Findet euren Platz, egal wo. Kommt jetzt bitte damit zu Ende.

Jeder lege sich bequem so hin, dass er an dem ganzen Experiment teilnehmen und tiefer gehen kann.

Lasst dieses Licht hier bitte an; das wird gebraucht.

Legt euch hin, da wo ihr sitzt. Jeder lege sich bitte dort hin, wo er ist. Lasst euch diese Chance nicht entgehen; macht das Beste aus dieser Chance. Wer weiß, wann wir je wieder eine so unglaubliche Nacht erleben werden. Diese Einsamkeit, diese goldene Gelegenheit mag uns nie wieder beschieden sein.

Legt euch hin, schließt die Augen, entspannt den Körper. Schließt eure Augen; entspannt den Körper. So, und jetzt werde ich euch Suggestionen geben. Erlebt alles, was ich sage, während ich spreche. Sobald ihr es fühlt, wirkt es bereits.

Spürt, wie sich der Körper entspannt ... Der Körper entspannt sich ... Der Körper entspannt sich. Lasst völlig los, als wäre der Körper leblos. Der Körper entspannt sich, der Körper entspannt sich absolut, der Körper entspannt sich, der Körper entspannt sich, der Körper entspannt sich ...

Merkt ihr, wie sich der Körper entspannt? Der Körper ist absolut still und entspannt, so als wäre er nicht da, so als existierte der Körper gar nicht. Der Wind ist da, der Himmel ist da, die Bäume sind da, nicht aber der Körper. Der Körper ist jetzt äußerst entspannt und still.

Atmet langsamer. Euer Atem wird immer friedlicher; lasst ihn auch langsamer werden. Der Atem wird friedlich ... Der Atem wird friedlich ... Der Atem wird friedlich ... Der Atem wird friedlich ... Der Atem wird friedlich ...
Die Gedanken werden ebenfalls immer weniger. Die Gedanken werden immer weniger ... Die Gedanken werden immer weniger ... Die Gedanken stehen jetzt still. Alles ist still geworden.

Lauscht jetzt einfach nur still – dem Wind, den Geräuschen, lauscht allem still. Nach und nach wird es innerlich ruhig werden. So wie da draußen die Nacht still ist, wird jetzt genauso auch in euch alles still. Lauscht, lauscht den stillen Winden. Lauscht einfach nur, zehn Minuten lang.

Euer Denken wird immer stiller ... Nach und nach wird es stillstehen ... wird alles stillstehen ... Ein stilles Nichts wird sich auf euer Inneres legen.

Das Denken wird stiller ... Lauscht weiter, lauscht still weiter … Das Denken wird immer stiller … Nur der Wind wird bleiben, ihr werdet aufgelöst sein. Löst euch vollends auf. Alles wird immer stiller.

Jetzt steht euer Denken still, jetzt schweigt es nur noch. Euer Denken steht still. Nur der Wind ist da, die Nacht ist da. Ihr seid restlos still geworden; ihr seid mausetot. Lauscht weiter, lauscht weiter.

Der Verstand steht jetzt still. Eine unglaubliche Stille hat sich in euch ausgebreitet. Alles ist still geworden. Alles ist still geworden. Ihr seid endgültig gestorben, ihr seid nicht mehr. Der Verstand regt sich nicht mehr. Erkennt diese Stille, versteht diese Stille. Alles ist still geworden.

Ihr müsst jeden Tag diese Stille betreten.
Jeden Tag werdet ihr immer tiefer gehen; dies ist die Stille, die euch irgendwann zum Göttlichen führen wird.

Und jetzt atmet ein paar Mal tief durch. Atmet ein paar Mal tief durch, und dann schlagt die Augen auf, aber nur ganz langsam. Ihr werdet feststellen: Da draußen herrscht derselbe Friede wie in euch drinnen. Bleibt liegen und öffnet allmählich eure Augen. Auch draußen ist alles still.

Steht jetzt vorsichtig auf und geht zu euch nach Hause. Werdet nicht laut; bleibt still am selben Fleck sitzen. Wer nicht aufstehen kann, nimmt ein paar tiefe Atemzüge und kann dann langsam auf seinem Platz still sitzen bleiben. Wer nicht sofort aufstehen kann, bleibe noch ein Weilchen liegen. Dann bleibt noch still sitzen. Niemand in eurer Nähe darf gestört werden. Kommt allmählich zurück.

Legt euch jetzt schlafen und macht diese Meditation gleich noch mal, sodass sie euch frisch in Erinnerung ist und ihr noch wisst, wie es geht. Und dann schlaft still ein.

Die Abendsitzung ist beendet.

4

Werde eins mit dem Leben

Unglücklicherweise hat unser Leben die Tuchfühlung mit der Existenz verloren – haben wir unsern inneren Einklang, ja unsere Harmonie mit dem Leben verloren. Wir sind nicht mehr mit dem Ganzen verbunden; wir haben alle Brücken zwischen uns und der Existenz abgebrochen.

Ein Kind kommt durch den Mutterschoß zur Welt. Bei der Geburt wird der Körper des Kindes von dem der Mutter getrennt, und die Reise der Trennung, der Entfernung beginnt. Erst war das Kind mit der Mutter verbunden, und dann wurde es getrennt. Vielleicht führt diese Trennung ja auch zu unserer Illusion, getrennt voneinander zu sein – nicht nur körperlich, sondern auch seelisch. Vielleicht kreiert diese Trennung einen seelischen Konflikt. Der Körper des Kindes wird zwar von dem der Mutter getrennt, aber seine Seele bleibt eins, wird nicht vom Ganzen abgeschnitten. Es gibt im Leben keinerlei Trennungen. Nichts wird abgeteilt. Allerdings haben wir diese Nichtdualität, dies Einssein noch nicht erfahren. Wir nehmen es nicht wahr. Wir haben es vergessen.

Dies ist das Unheil aller Menschen. Um dies Unheil zu überwinden, muss der Wahrheitssucher einen zweiten Schritt tun. Ich habe euch den ersten Schritt bereits mitgeteilt, dass Wissen eine Illusion ist. Wissen ist Unwahrheit. Alles, was ihr gelernt habt, ist nichts weiter als Schriftgelehrtheit und Indoktrination. In Wirklichkeit wissen wir gar nichts. Wenn ihr euch diese Unwissenheit eingesteht und beim „Ich weiß nicht!" bleibt, fällt die erste Mauer zwischen euch und dem Leben.

Es gibt noch eine zweite Mauer, die fallen muss. Von dieser Mauer wird heute Morgen die Rede sein. Erst wenn die fällt, könnt ihr die existenzielle Wahrheit erfahren. Die existenzielle

Wahrheit ist zugleich auch eure innewohnende Wahrheit – nennt sie, wie ihr wollt: Erleuchtung oder Befreiung, *Moksha* oder das Göttliche. Darauf kommt es nicht an. Im Grunde bedeuten all diese Begriffe das gleiche. Die erste Mauer ist die des Wissens. Und die zweite Mauer? Der Mangel an Rückhaltlosigkeit in unserm Leben: Wir müssen das bisschen Leben, das wir haben, rückhaltlos leben.

Lasst mich versuchen, euch diesen Punkt anhand einer kurzen Anekdote zu erklären …

Vor etwa 1500 Jahren kündigte der Kaiser von China an, er wünsche ein neues Siegel für sein Reich. Alle Künstler wurden eingeladen, das Bild eines krähenden Hahns einzureichen. Derjenige sei der Gewinner, der das lebendigste Bild liefere. Man werde ihn fürstlich belohnen und zum obersten Kunstlehrer des Reiches ernennen. Aus allen Teilen des Reiches kamen bedeutende Künstler mit ihren Entwürfen in die Hauptstadt.

Wer aber konnte das beste Bild beurteilen? Und es gab Tausende! Der Kaiser trug einem alten Künstler aus der Hauptstadt auf, das beste auszuwählen. Dieser sammelte sämtliche Entwürfe ein und zog sich mit ihnen in ein Zimmer zurück. Bereits am Abend schickte er dem Kaiser die Botschaft: „Kein einziges Bild ist gut genug. Jedes einzelne hat irgendwie Fehler."

Es gab so viele Bilder, eines besser als das andere. Selbst der Kaiser war von ihnen fasziniert. Doch dem Experten zufolge kam kein einziges Bild infrage. Der König war perplex; er fragte den Experten: „Was sind deine Kriterien? Wie kommst du darauf, dass kein einziges Bild gut genug ist?"

Der Mann sagte: „Es kam nur ein Kriterium infrage: Ich hatte einen lebenden Hahn da, der sie sich ansehen sollte. Aber er konnte die Hähne auf keinem der Bilder erkennen. Sie waren ihm egal, sie waren Luft für ihn. Wenn sie wirklich vor Leben gesprüht hätten, hätte der echte Hahn gekräht oder er hätte Angst bekommen. Er wäre entweder weggerannt oder hätte kämpfen wollen. Doch er beachtete die Bilder überhaupt nicht; er würdigte sie keines Blickes. Nur das hätte den Ausschlag geben, der Maßstab sein können. Der lebende Hahn ließ keinen gemalten gelten."

Der alte Künstler sagte: „Aber wer, wenn nicht ein lebender Hahn, könnte die Seriosität der gemalten prüfen?"

Der Kaiser darauf: „Jetzt bist du der Einzige, der das richtige Bild malen kann." Der Alte wehrte ab: „Schwerlich. In meinem Alter wäre ich überfordert, das Bild eines Hahns zu liefern."

Der Kaiser erwiderte: „Wie sollte ein so großer Künstler wie du keinen Hahn malen können?"

Der Alte entgegnete: „Das Bild eines Hahns ist schnell gemalt. Aber zuvor muss ich selber zum Hahn werden; anders ist das kaum zu machen."

Er bekam zur Antwort: „Mach, was du willst."

Der Alte gab zu bedenken: „Dazu werde ich mindestens drei Jahre brauchen. Ich weiß nicht, ob ich so lange leben werde."

Der Kaiser sorgte dafür, dass der alte Künstler in den Wäldern leben konnte. Nach etwa sechs Monaten sandte er Späher aus, um herauszufinden, wie es jenem verrückten Maler erging. Was er wohl machte? Sie fanden den Alten in Gesellschaft von wilden Hähnen sitzen. Ein Jahr verging. Wieder wurden die Späher geschickt. Beim ersten Mal hatte der alte Künstler sie als seine Freunde aus der Hauptstadt empfangen. Diesmal fanden sie, dass der Alte nahezu selber ein Hahn geworden war. Ihm waren die Besucher egal, er nahm sie nicht einmal wahr. Er saß einfach bei seinen Hähnen.

Schließlich waren drei Jahre um. Der Kaiser entsandte Leute, um den Künstler heimzuholen; das Bild musste längst fertig sein. Als sie eintrafen, entdeckten sie, dass der alte Mann praktisch ein Hahn war. Er machte Geräusche wie einer, er saß unter seinen Vögeln, umringt von ihnen. Sie hoben den Alten auf, und nahmen ihn in die Hauptstadt mit und erreichten den Kaiserpalast. Der Kaiser fragte: „Wo ist das Bild?" Der Künstler krähte wie ein Hahn. Der König sagte: „Bist du wahnsinnig? Ich will keinen Hahn; ich brauche das Bild eines Hahns."

Der Alte erwiderte: „Das Bild kann auf der Stelle gemalt werden. Hol alles Nötige, ich werde es malen." Und nach einer Stunde war das Bild fertig. Hähne wurden in das Zimmer gebracht, wo das Bild stand. Kaum hatten sie das Bild entdeckt, rannten sie in Panik auseinander.

Der Kaiser fragte: „Bist du etwa ein Zauberer?"

Der alte Mann erwiderte ihm: „Zunächst musste ich unbedingt zum Hahn werden. Erst dann war es mir möglich, das Bild eines Hahns zu malen. Ich musste das Innere eines Hahns verstehen, seine inneren Vorgänge. Wie hätte ich seine innere Seele, sein Innerstes verstehen können, solange ich nicht mit ihm eins wurde, mit ihm verschmolz?"

Wir können den Geist, ja die Seele des Lebens nicht eher verstehen, als bis wir uns mit seiner Seele vereint haben, mit dem Leben eins geworden sind. Der Geist des Lebens ist das Göttliche, ist die Wahrheit. Zur Erkenntnis des Lebens führt kein anderer Weg, als eins zu werden mit ihm. Wie können wir es leben, wenn wir es nicht erkannt haben? Deswegen haben wir Angst vor dem Tod. Wer den Geschmack des Lebens auch nur ein Mal kennengelernt hat, für den gibt es keinen Tod mehr, existiert der Tod überhaupt nicht. Angst vor dem Tod ist ein Indiz dafür, dass wir nicht wissen, was Leben heißt.

Wir verstehen das Leben nur deshalb nicht, weil wir nie mit ihm eins werden, ihm nie nahe kommen, nie mit ihm in Einklang sind. Wie haben wir unsere Harmonie mit dem Leben verloren? Wie haben wir diese Musik zerstört? Wie ist die tiefe Kluft zwischen uns und dem Leben entstanden? Wenn wir das zu verstehen vermögen, gibt es eine Möglichkeit, diese Kluft zu überwinden.

Die Kluft wurde von denen aufgerissen, die das Leben verunglimpft haben, die gegen das Leben waren, die uns völlig fehlgeleitet haben. Sie sagten, das Leben sei sinnlos, sei ein einziges Elend; am besten laufe man vor ihm davon. Sie rieten uns, das Leben zu fliehen. In früheren Zeiten haben unsere Lehrer das Leben verunglimpft, das Leben verdammt. Und genau damit haben sie uns abgeschnitten, eine Kluft zwischen Mensch und Leben aufgerissen. Wie können wir uns jetzt aber wieder mit dem verbinden, was damals verunglimpft und abgelehnt, für sinnlos und absurd erklärt worden ist?

Man hat das Leben auf jede erdenkliche Weise verdammt. Man hat den Körper verdammt – wo sich das Leben doch mit dem

Körper zum Ausdruck bringt. Man hat die Welt verdammt – wo die Welt doch der Ausdruck der Existenz ist. Man hat die Materie verdammt – wo die Materie doch der Ausdruck des Geistes ist. Man hat alles Sichtbare verdammt und das Unsichtbare gepriesen. Nur vom Unsichtbaren war immer die Rede, dabei haben wir nur das Sichtbare vor Augen. Man interessiert sich nur für das Formlose, wo doch nur die Form greifbar ist. Den Ausdruck, die Form, das Sichtbare ist verdammt worden. Was bleibt uns da auch anderes übrig, als uns über das Formlose zu streiten.

Vergesst nicht: Das Formlose ist nur zu erkennen, wenn man die Form kennt. Man kann das Immaterielle nur erkennen, wenn man die Materie kennt. Man kann sich nur mit der Seele verbinden, wenn man den Körper kennt. Wer gegen das Sichtbare wettert, der zerschlägt die Leiter, die ihn zum Unsichtbaren führen kann – das ihm absolut unbekannt ist. Doch das Sichtbare – die Form, die Materie, der Körper, die Welt – ist maßlos verdammt worden.

Hätte man doch lieber das Leben so hoch gepriesen! Hätten diese Leute doch lieber alle die Seligkeit des Lebens besungen! Hätten all diese Stimmen, diese Prediger, doch lieber die Würde und die Herrlichkeit des Lebens verkündet! Dann wäre die Erde heute nicht wiederzuerkennen, würde heute die Erde von Religiosität überfließen – wäre das Leben heute voller Seligkeit, wäre das Leben heute nichts als Musik. Doch bisher haben die Lehrer der Menschheit das Leben immer nur verdammt und bekämpft.

Was Wunder, dass genau durch diese Anfeindung, diese abgrundtiefe Beschimpfung, ja Verdammung des Lebens eine Kluft zwischen uns und dem Leben aufgerissen wurde. Schon der bloße Gedanke an Religion weckt in uns ein Gefühl der Sinnlosigkeit des Lebens … dass wir vor ihm davonlaufen – dem Leben entsagen, es loswerden, abspringen sollten vom Rad von Leben und Tod! Seit Menschengedenken dreht sich jegliches religiöse Denken um den Tod, ist es selbstmörderisch, lebensfeindlich. Religion ist alles andere, als eine Aufforderung, ein seliges und freudiges Leben zu führen. Wir verstehen sie als eine Aufforderung, die Augen vorm Leben zu verschließen, vor ihm davonzulaufen, uns von ihm abzukehren.

Dann ist uns das Leben egal, halten wir es für sinnlos. Wir reden uns ein, dass alles absurd ist und wir nur deswegen geboren werden, weil wir Sünder sind; dass wir jedoch, sobald unsere Sünden bereinigt sind, nie wieder zur Welt zu kommen brauchen. Dann werden wir im Zustand von *Moksha*, der Befreiung leben, in dem es keinerlei Geburt und Tod, keinen Körper, keine Sinne und keine Form mehr gibt, in dem wir keine Form mehr haben. Wer so denkt, kann für dieses *Leela*, dies Spiel des Lebens, nichts übrig haben.

Vor allem aber solltet ihr euch klar machen, dass es weder die Leugner Gottes noch die Leugner der Seele sind, die den Menschen irreligiös gemacht haben. Vielmehr geht das auf diejenigen zurück, die den sichtbaren Ausdruck des Lebens geleugnet, verdammt und missachtet haben.

Da fällt mir ein …

Ich hatte einmal einen Freund zu Gast; er war ein traditioneller Sannyasin. Um mein Haus herum gab es einen großen Garten mit vielen Blumen. Als er eintrat, warf er einen verächtlichen, ja geradezu feindseligen Blick auf meine Blumen und fragte mich: „Was … du liebst Blumen? Wie kann jemand wie du Blumen lieben?" Ich hielt den Mund, denn wer keine Blumen mag, ist taub für Worte, die sie loben.

Am Abend wollte ich mir mit einem anderen Freund Musik anhören, und als wir uns setzten, um einem Lied zu lauschen, fragte der Sannyasin: „Du magst Musik? Du magst Lieder?" Wieder lächelte ich nur und hielt den Mund. Denn wie soll einer, der nicht einmal ein Lied zu schätzen weiß, ein Ohr für Musik haben? Danach setzten wir uns zum Abendessen. Er aß widerwillig, so als würde er gezwungen oder als wäre diese Mahlzeit überflüssig, wenn nicht gar gefährlich.

Ich fragte ihn: „Was ist los mit dir? Warum machst du das?"

Er sagte: „Ich habe was gegen Gewürze. Ich habe ein Gelübde gegen Geschmack abgelegt. Eine Mahlzeit ist für mich wie Dreck essen. Mir schmeckt nichts."

Ich darauf: „Das ist mir längst klar. Die Art, wie du auf die Blumen oder auf die Musik reagiert hast, war unmissverständlich."

Bei näherer Betrachtung können wir nachvollziehen, dass Blumen so etwas wie Nahrung für unsere Augen sind, so wie Lieder und Musik für unsere Ohren Nahrung sind. Alles ist Nahrung. Das ganze Leben um uns her ernährt uns gleichsam. Unsere Augen freuen sich über Licht – das nährt sie. Wenn sich unsere Ohren an Tönen erfreuen, der *Veena* lauschen, sättigt sie das. Rund um die Uhr werden unsere Sinnesorgane genährt.

Die Existenz hat durch sehr viele Türen Zugang zu uns. Wenn die Existenz durch all diese Türen unser Inneres betritt, begleitet von Glück, von Düften, von Dankbarkeit, dann kann jeder mit dem Leben Kontakt haben. Doch wer diese Türen strikt ablehnt und sie hasst, bekämpft und abwehrt, wer sich die Ohren zuhält, um keine Musik zu hören, wer Geschmack meidet, wer seine Augen verschließt, der kann niemals mit dem Leben in Kontakt treten.

Es gab Menschen, die sich die Augen ausrissen. Es waren ihre eigenen Augen, doch sie rissen sie aus. Aufgrund ihres Einflusses ist die ganze Menschheit erblindet – dazu hatten sie kein Recht. Manche haben sich selber geblendet, damit die Schönheit sie nicht verführen konnte. Diese Leute haben dem Leben all ihre Türen vor der Nase zugeschlagen.

Wer hinter verschlossenen Türen lebt, kann nur sein Ego aufblasen; jegliches Staunen ist ausgeschlossen. So jemand bildet sich nach und nach ein: „Ich bin WER!" Doch vom Leben hat er keine Ahnung. Das Leben können wir erst verstehen, wenn wir uns ihm ganz und gar öffnen, zu einer Tür werden. Unser Leben sollte eine Tür sein – durchlässig für Lieder, für Musik, für Geschmack, für Duft.

In meinen Augen ist ein Sucher eine Tür – und zwar in jeder Hinsicht. Für ihn gehört selbst etwas Winziges zum Universum. Für ihn gehört noch der kleinste Bruchteil zu *Brahman*, dem Göttlichen. Eine winzige Blüte, ein ferner Kuckucksruf ist für seine Seele Musik. Er ist offen für alles. Jede Mahlzeit ist für ihn ein Gebet, und zu baden ist für ihn eine Andacht. Mit jedem Atemzug dankt er der Existenz zutiefst. Dankbar akzeptiert er alles, was das Leben ihm gibt. Nur wer frei ist von jeglicher Lebensverachtung vermag mit dem Leben Kontakt aufzunehmen, mit ihm zu verschmelzen.

Gestern bat ich euch, auf euer Wissen zu verzichten. Heute möchte ich euch bitten, auf eure Lebensverachtung zu verzichten. Leider sitzt diese Verachtung für alles Lebendige tief in unserm Bewusstsein. Sie hat sich unserm Bewusstsein tief eingeprägt. Der Anblick eines lachenden Buddhas wäre euch unerträglich. Ihr wärt fassungslos, wenn Mahavira bei einem *Veena*-Konzert neben euch säße. Die Christen behaupten seit eh und je, dass Jesus nie gelacht habe. Wir haben uns daran gewöhnt, düstere Heilige zu sehen.

Es gibt Leute, die eine sehr negative Auffassung vom Leben haben, die sich ständig bemühen, so zu tun, als wären sie tot. Diese Leute, der Schatten dieser Leute liegt auf dem menschlichen Geist wie Wolken und verfinstern ihn. Ein lachender Heiliger ist unvorstellbar. Nur Verdorbene können lachen, nicht aber, wer einen guten Charakter hat. Ein guter Mensch darf nicht lachen. Das Leben will nichts von Seligkeit wissen. Nur Leute, die irgendwie angeschlagen sind, die Kranken und Deprimierten, sind religiös. Nur Leute, die sich isolieren, die lebensfeindlich eingestellt sind, können religiös sein. Wie könnte ein religiöser Mensch etwas mit Farben, mit Wohlgerüchen zu tun haben? Aber das stimmt gar nicht. Ich versichere euch: Ein wahrhaft religiöser Mensch ist von einem völlig anderen Kaliber.

Ich habe gehört ...

Es waren einmal drei Heilige; sie lebten irgendwo und hießen „die drei lachenden Heiligen". Wohin sie auch kamen, tanzten sie immer nur und verbreiteten Fröhlichkeit. Ja, ihr Lachen war so ansteckend, dass sich bald die ganze Stadt vor Lachen bog. Sie stellten sich einfach nur auf den Marktplatz, und im Nu breiteten sich Wellen des Lachens aus!

Sie sagten: „Wir haben nur eine einzige Botschaft. Akzeptiert das Leben und nehmt es nicht ernst. Wer das Leben zu ernst nimmt, hat nichts von ihm. Wer immer nur weint und sich beklagt, war noch nie im Tempel Gottes und wird ihn auch nie betreten. Lacht, und ihr werdet zu Gott finden! Der Weg zu ihm führt einfach über eine Regenbogenbrücke des Lachens. Verheulte können das nie und nimmer. Unsere ganze Botschaft ist: Lernt, das Leben frohen Herzens zu genießen, so wie es ist."

Die drei zogen von Dorf zu Dorf. Und irgendwann wurden sie alt. Ich weiß nicht, ob es je noch irgendwo anders solche Heilige gab. Gäbe es die überall, sähe die Welt heute ganz anders aus. Die drei Heiligen wurden alt, und irgendwann verschied einer von ihnen. Die Leute im Ort, wo er starb, staunten, dass die beiden anderen nicht einmal trauerten und weinten: In ihren Augen war nicht eine Träne zu sehen! Gemeinsam zog man zu ihrer Hütte. Aber da hatten die beiden Heiligen die Leiche schon vor ihr aufgebahrt – und lachten! Sie riefen den Leuten aus dem Dorf zu: „Kommt und seht euch diesen wunderbaren Mann an!" Die Leute sahen zwar nur einen Toten – der aber strahlte übers ganze Gesicht. Der Heilige war lachend gestorben!

Sterbend hatte er seine Freunde gebeten: „Zieht mich nicht aus und wascht mich auch nicht, sondern legt meine Leiche so, wie sie ist, auf den Scheiterhaufen." Die Sitte verlangte zwar, Tote auszuziehen, zu baden und ihnen frische Kleider anzuziehen – zumindest ein Pilger sollte frisch gekleidet sein. Dieser jedoch wollte, dass seine Leiche ohne frische Kleider und ungebadet, sondern so, wie sie war, verbrannt werde!

Das ganze Dorf begleitete seine Bahre zur Verbrennungsstätte, etwa tausend Leute waren gekommen. Man legte den Leichnam auf den Scheiterhaufen und zündete ihn an: Die Verbrennung hatte begonnen, und alle wurden traurig. Doch auf einmal fing irgendwer in der Menge an zu lachen. Dann lachten auch andere, und schließlich riss das Lachen alle mit – es war allzu ansteckend.

Was war geschehen? Als die Leiche Feuer fing, zeigte sich, dass der Heilige, ehe er starb, sich die Taschen mit Feuerwerkskörpern vollgestopft hatte: Böller explodierten und Raketen schossen hoch! Da bogen sich alle vor Lachen und sagten: „Dieser Heilige war was ganz Besonderes! Hat sein Leben lang gelacht und ist lachend gestorben, und zuletzt sorgte er auch noch dafür, dass wir ihm lachend das letzte Geleit gaben!" Somit hatte er diesen einfachen Leuten bewiesen, dass man nicht nur lachend leben, sondern sogar lachend sterben kann. Ja, er hatte es sogar geschafft, unter Gelächter bestattet zu werden. Ein solcher Mensch ist für mich religiös.

Erlauben wir uns denn, allen traurigen, finsteren Leuten Adieu zu sagen. An ihnen liegt es, dass die Religion heute eine schwere Krise durchmacht. Depressive Pechvögel verdüstern und trüben das Zusammenleben der Menschen. Vor allem darunter hat die Menschheit so zu leiden. Diese nörgelnden, krankhaften Pessimisten machen uns nur das Leben schwer. Wer nie im Leben glücklich zu sein vermocht hat, ist wie der Fuchs in der Fabel von den sauren Trauben … Der Fuchs sieht am Rebstock über sich die reifen Trauben hängen: Wieder und wieder versucht er, sie zu erreichen, aber sie hängen zu hoch, also gibt er auf und tröstet sich mit den Worten: „So saure Trauben sind nicht der Mühe wert!"

Wer sich nicht an den Blumen und den Liedern des Lebens erfreuen kann, sagt immerzu: „Dieses Leben ist sinnlos." Sie vertuschen ihr Scheitern im Leben, indem sie das Leben verdammen. Wer nicht einmal an die Trauben des Lebens ran-kommen kann, hat keine Hoffnung, je an die göttlichen Trauben in seinem Innern ranzukommen.

Die Freuden des Lebens weisen uns den Weg zum Göttlichen. Der aber bleibt allen verschlossen, die das Leben nicht mögen. Je tiefer man das Leben liebt, desto früher erkennt man, wo's hingeht und wie man zum Göttlichen gelangt. Für alle jedoch, die sich vom Leben abwenden, führt kein Weg zum Göttlichen. Wenn es denn das Göttliche überhaupt gibt, ist es im Leben zu finden, nicht irgendwo da draußen. Gott ist nicht gegen das Leben.

Wer sich nicht wohlfühlt und verzweifelt, macht das Leben dafür verantwortlich anstatt sich selber. Wer gescheitert ist, sucht lieber nach Ausreden, statt vor der eigenen Türe zu kehren. Macht euch bitte klar, dass sich bisher immer nur die Gescheiterten und Ver-lierer für Religion interessiert haben. Die Religionen wimmeln von solchen Verlierern und Gescheiterten. Geht in die Tempel und Moscheen – überall werdet ihr auf diese verkrachten Exis-tenzen stoßen. Erst wenn der Tod naht, wenn ihm das Leben ent-gleitet, wenn der Mensch alt wird und ahnt, dass er jeden Tag sterben kann, rennt er zum Tempel. Seine Zeit ist um – da wird es langsam Zeit für den Tempel …

Wenn es denn einen Tempel gibt, sucht ihn im tiefsten Innern des Leben selbst. Eine Masse von Gebrochenen, Verzweifelten, Gescheiterten hat die Religion an sich gerissen. Heute, am zwei-ten Tag unserer Zusammenkunft, ist mein Rat: Sagt euch los von solchen kranken, unglücklichen, verrückten Menschen. Wenn euch die Trauben des Lebens zu hoch hängen, nennt sie wenig-stens nicht sauer. Sagt, dass ihr nicht so hoch springen konntet. Ihr könnt üben, höher zu springen. Wer die Wahrheit sucht, muss hoch genug springen können. Feiglinge winken ab und sagen, die Trauben wären sauer. Lernt einfach nur höher zu springen! Wenn euch das Leben nicht in den Schoß fällt, reckt bitte die Hände nach ihm. Wenn eure Augen nicht sehen können, reißt sie weiter auf. Wenn eure Ohren nicht hören können, schult euer Gehör. Wenn ihr das Göttliche nicht schmecken könnt, schwört nicht dem Geschmack ab – auch so ein Beispiel für „saure Trauben" –, sondern schult eure Zunge; denn wenn man das Göttliche erkannt hat, kann man es sogar schmecken. Wer das Göttliche erkannt hat, kann es heraushören. Wer das Göttliche erkannt hat, entdeckt es in jeder Form.

In der Schönheit entdeckt er eine Botschaft der Existenz – alles ist eine Botschaft. Die Schönheit des Körpers übermittelt die existenzielle Botschaft dahinter. Doch das erfordert Augen, die sehen können. Werdet nicht blind: Schult lieber eure Augen. Bildet eure Sinnesorgane aus, statt sie zu bekämpfen, eure Sinne zu unterdrücken. Jedes einzelne Sinnesorgan kann ein Weg sein, der zum Göttlichen führt. Wenn ihr esst, lasst euch jeden Bissen auf der Zunge zergehen – lasst es euch schmecken! Esst, als gäbe es nichts Wichtigeres. Esst bitte mit ganzer Seele, mit vollem Bewusstsein, mit all eurer Energie und dem ganzen Körper. Kostet jeden Bissen aus und genießt ihn – stets mit derselben Hingabe, Sammlung, Verschmelzung. Dann werdet ihr verstehen, dass eine Mahlzeit das Göttliche werden kann; werdet ihr verstehen, dass ihr Geschmack eine Botschaft der Existenz übermitteln kann. Was Wunder also, dass man, wenn man gegessen hat, der Existenz zutiefst dankbar ist.

Dann werdet ihr alles Schöne nur noch mit äußerster Sammlung, mit äußerster Verschmelzung betrachten; und es wird euch nicht überraschen, dass ihr dann das Formlose hinter der Schönheit erkennen könnt. Die Form ist nur die äußere Hülle, hinter der sich das Formlose verbirgt. Fragt euch, wenn ihr eine bestimmte Blume schön findet, was genau ihre Schönheit ausmacht: etwa die Blütenblätter oder die Stengel, die die Blume ausmachen? Nein, sie ist weder in den Blütenblättern noch in ihren anderen Bestandteilen zu finden. Vielmehr beruht ihre Schönheit auf dem Aufblitzen des Formlosen in ihrer Gesamtheit. Vielmehr möchte die Existenz ihre Botschaft mit allem offenbaren, was die Blume ausmacht.

Was genau fasziniert euch so, wenn ihr der *Veena* lauscht – die Melodie oder die Magie des Fingerspiels? Nein, sondern dass ihr dann, durch die Töne, die Botschaft der Existenz empfangt … nämlich dass sich hinter der Melodie die Lautlosigkeit verbirgt, zwischen den Noten die Schönheit verbirgt. Vermittelt durch die Musik, beginnt die hinter ihr verborgene Stille aufzuscheinen. Dies ist *Leela*, das Spiel des Lebens.

Was immer wir im Leben sehen, beruht nur auf dem Kontrast, auf Gegensätzen. Im Schulunterricht lernen die Kinder mithilfe einer schwarzen Wandtafel, auf der man mit weißer Kreide schreibt. Auf dem dunklen Hintergrund ist die weiße Kreide deutlich zu sehen. Auf einer weißen Tafel ginge das nicht; denn weiße Kreide auf einer weißen Tafel ist unsichtbar.

Das Leben wird nur durch den Kontrast sichtbar. So benutzt die Seele etwa den Körper, um auf sich aufmerksam zu machen. Gleich der Tafel, braucht die Seele den Körper als Hintergrund, um sichtbar zu werden. Um sich zu offenbaren, benutzt die Schönheit die Form – als Kontrast für ihre Formlosigkeit; denn nur so wird sie sichtbar. Wenn die Leere, das Weltall sich offenbaren muss, benutzt es dazu Musik – so widersprüchlich das auch klingen mag: Musik ist hörbar, die Leere aber nicht. Wenn sich das Unhörbare offenbaren muss, ist es auf das Hörbare angewiesen – als Medium, als Hintergrund. Wenn sich die Existenz offenbaren muss, ist sie auf die materielle Welt angewiesen. Ohne einen Hintergrund kann sich das Leben nicht offenbaren. Alle Ausdrucksformen des Lebens beruhen auf dem Kontrast.

Wenn wir die Tafel abhängen, verschwinden auch die auf ihr geschriebenen weißen Wörter. Wenn wir den Körper verachten, entzieht sich uns auch die Seele. Wenn wir die Welt verdammen, ziehen wir auf unserer Reise zum Göttlichen die Bremse. Das ist eine einfache Rechnung – so einfach wie zwei mal zwei vier sind, aber das ist uns nicht klar. Warum ist uns das nicht klar? Das kommt nicht von Ungefähr …

Wir nehmen nur Dinge wahr, die unseren Lebensumständen entsprechen. Da wir alle Verlierer sind, schnappen wir sofort die Botschaften von Verlierern auf. Wir alle haben versagt im Leben. Darum akzeptieren wir es auch, wenn enttäuschte Leute behaupten: „Das Leben ist sinnlos!" Wir verstehen nur, was zu unserer Gewohnheit passt, alles Übrige entgeht uns einfach.

Ich habe gehört …

Ein Fischer hatte sein ganzes Leben auf Fischerbooten verbracht. Einmal besuchte er die Hauptstadt und machte dort eine Rundfahrt. Er war voller Staunen und Verwunderung. Er kam zu einem Parfüm-Markt mit Düften aus allen Landesteilen, es gab keinen besseren Markt für Parfüms. Kaum hatte er ihn betreten, hielt er sich die Nase zu; er konnte den Gestank nicht ertragen. Er kannte nur Fischgeruch, der war für ihn Parfüm. Ihm wurde übel. Er wollte davonlaufen, aber der Markt war unübersehbar –

schließlich war es der Markt der Hauptstadt, wo man nur Spitzenqualität, die erlesensten Parfüms aus aller Welt feilbot. Er rannte, bis er ohnmächtig umfiel. Um ihn herum standen Gaffer. Händler eilten mit ihren teuren Parfüms herbei, um sie ihm unter die Nase zu halten, damit er wieder zu sich kam. Woher sollten sie auch wissen, dass er gerade wegen der Parfüms ohnmächtig geworden war. Je mehr sie sie ihm aufzwangen, desto wilder schlug der Ärmste um sich. Er konnte nicht einmal reden und versank immer tiefer in Ohnmacht.

Da trat ein anderer Mann vor, der auch ein Fischer war. Er sagte: „Freunde, so macht ihr alles nur noch schlimmer! Bringt den Ärmsten doch nicht um. Geht und nehmt all eure Parfüms mit. Sie sind der Grund seiner Ohnmacht." Der Mann hatte ein paar Fische in seiner Tasche, die er auf dem Markt verkaufen wollte. Er machte die Tasche etwas nass und hielt sie dem Ohnmächtigen unter die Nase. Der atmete tief ein, schlug die Augen auf und sagte: „Endlich frische Luft!"

Es ist nur natürlich, dass wir Dinge bevorzugen, die uns vertraut sind. Alles, was wir genießen, duftet für uns. Da kein Mensch in der Lebenskunst unterwiesen wird, müssen alle in ihrem Leben scheitern. Kein Wunder also, dass wir, wenn ein enttäuschter Mensch aufsteht und sagt, alles sei sinnlos, alles sei absurd, alles müsse abgeschafft werden, ihm Beifall klatschen. Denn wir geben ihm recht, halten es für vernünftig. Wir haben versäumt, die Kunst zu leben zu erlernen.

Damit wären wir beim zweiten Grundsatz der Lebenskunst angelangt: Akzeptiert froh und dankbar alles Verfügbare – alles, was eure Sinnesorgane aufnehmen. Dann werdet ihr merken, dass ihr mit dem Leben in Kontakt tretet. Unsere Gefühle können uns mit ihm sowohl verbinden als auch von ihm trennen. Freundliche Gefühle verbinden uns mit anderen, ablehnende Gefühle trennen uns von anderen. Wir sollten dankbar für dieses Leben sein. Ich nenne mich einen Feind der Traditionen, die das Leben ablehnen, weil sie die eigentlichen Feinde des Lebens sind. Erst gestern kam ein Freund zu mir und sagte: „Ich bin jetzt sechzig Jahre alt; aber immer noch macht mich der Anblick einer schönen Frau ganz verlegen und verwirrt. Mein ganzes Leben lang hab ich versucht, mich von Frauen fernzuhalten, aber selbst noch in diesem Alter verfolgt mich die Frau."

Ich erwiderte ihm: „Sie wird dich auch weiterhin verfolgen. Selbst in deinem Grab wird die Frau dich noch verfolgen. Dabei bist in Wirklichkeit du es, der sie verfolgt. Die Lebenskunst verlangt von euch nicht, vor Frauen davonzulaufen, angesichts von Schönheit die Augen zu schließen. Vielmehr solltet ihr auf eurer Suche höher steigen und herausfinden, wo die sichtbare Schönheit herkommt.

Was heißt Schönheit? Ihr seht Schönheit in einer Frau. Wenn ihr Schönheit in einer Blume sehen könnt, warum dann nicht auch in einer Frau, einem Mann, in den Augen, im Körper? Genau genommen ist eine Blume ebenfalls ein Körper. Auch der Mond ist ein Körper, auch ein Stern ist ein Körper. Was stimmt also nicht mit dem Körper eines Menschen? Wenn ihr nichts gegen Schönheit habt, wenn ihr sie nicht verdammt, könnt ihr die Schönheit tiefer erforschen, kann euer Geist tiefer gehen und sich vom versteckten Echo der Schönheit zu einem Punkt führen lassen, der der Ursprung jeglicher Schönheit ist. Er kann den Punkt der Formlosigkeit erreichen, wo jegliche Freude und Seligkeit herkommt. Dann kann eine Frau durchaus zu einem Tempel werden, in dem euch das Göttliche erscheint. Dann kann ein

Mann göttlich werden, und in ihm kann euch das Göttliche erscheinen. Darum werde ich euch nicht auffordern, Schönheit, Form und Musik zu meiden, Parfüm und Duft und Geschmack zu meiden. Ihr braucht gar nichts zu meiden. Dringt in alles tiefer ein, um zur Quelle eurer Anziehung vorzustoßen. Dort werdet ihr definitiv auf das Göttliche stoßen. Denkt daran, auf jeden Reiz zuzugehen – und damit zum Herzen Gottes. Sonst wäre jegliche Anziehung ausgeschlossen.

Betrachtet Anziehung als die Botschaft der Existenz; nähert euch ihr also immerzu, Schicht auf Schicht, dringt immer tiefer zu ihr vor. Lasst den Verstand ruhig sterben, und dann könnt ihr erkennen, dass jede einzelne Botschaft von der Existenz stammt. Einzig und allein die Existenz ist es, die euch aus einer Blume ansieht, oder aus dem Meer, aus dem Mond, aus einer Frau, aus einem Kind. Einzig und allein die Existenz ist es, die aus allem herausschaut. Wenn ihr zur Existenz vordringen möchtet, lasst eure Türen offen. Seid stets bereit für ihre Botschaften, lasst sie zutiefst in euer Herz eindringen. Der Mensch kann zu einem absolut neuen Menschen verwandelt werden. Die gesamte Menschheit kann eine andere werden; eine totale Veränderung ist möglich.

Doch nein … Wir stehen im Bann derer, die das Leben verdammen. Wir lassen uns nicht von denen begeistern, die das Leben feiern. Dies ist der zweite Punkt, den ich euch mitteilen möchte. Versucht euch in diesen drei Tagen zu öffnen. Seid offen für alle möglichen Reize. Öffnet eure Tür für alle Reize des Lebens. Wagt euch zu immer tieferen Schichten der Freude vor, das Leben kennenzulernen.

Erfahrt das Einswerden mit dem Leben. Das Leben ergießt, verströmt sich in diesen süßen Regenschauern. Geht in ihnen auf, werdet eins mit ihnen. Haltet euch nicht raus aus dem Geprassel. Seid wie ein welkes Blatt, das im Winde treibt. Weht der Wind nach Osten, trägt er es nach Osten; weht der Wind nach Westen, trägt er es nach Westen. Wenn er aufhört zu wehen, fällt es zu Boden; wenn er es hochwirbelt, leistet es den Wolken Gesellschaft. Seid wie ein welkes Blatt; lasst alle Regungen, alle Freuden, alle Erfahrungen des Lebens in euch ein. Stellt euch nicht quer, verschanzt euch nicht, errichtet keine Mauern. Lasst euch einfach auf dem Meer des Lebens treiben. Vergesst nicht: Letztlich wird euch das Meer des Lebens zum Göttlichen tragen. Nur wer sich auf dem Meer des Lebens treiben lässt, wird zu ihm gelangen. Keiner von denen, die sich vom Leben abwenden und es bekämpfen, ist je zu ihm gelangt. Weder sind sie je angekommen, noch können sie jemals ankommen. Dies ist der zweite Grundsatz, auf den ich euch hinweisen möchte.

Morgen früh wird der dritte Grundsatz unser Thema sein. Das ist nur zu verstehen, wenn man experimentiert – was euer innerer Zensor verweigern wird. Denn ein solches Experiment könnte gefährlich werden. Euer innerer Zensor wird das verurteilen; er wird sagen: „Lass dich ja nicht darauf ein, nicht mal aus Versehen! Sonst gerätst du in Schwierigkeiten, wird alles drunter und drüber gehen. Finger weg von Meditation!" Euer innerer Zensor wird sehr laut werden. Er ist nicht von gestern; er vertritt das kollektive Denken. Schon seit fünftausend Jahren macht er sich in uns breit. Und er hat unser Leben vergiftet. Er hat nichts für Lebensfreude übrig, er hat nichts für ein Lied übrig. Er ist lebensfeindlich.

Wir sollten das Leben als ein schöpferisches, als ein Leben in Ehrfurcht betrachten. Wir sollten unser Leben ehren – es achten, es lieben. Wir sollten dem Leben dankbar sein. Gesegnet alle, die dem Leben zutiefst danken, denn sie allein werden alles empfangen, was edel, schön und bekömmlich ist.

So, und jetzt wenden wir uns der Morgenmeditation zu. Zuvor jedoch gilt es, ein oder zwei Punkte zu verstehen.

Für mich ist Meditation Akzeptanz, die Bestätigung des Lebens. Dieser Luftzug wird kommen und gehen. Er macht ein Geräusch; das wird mitsamt seiner Ursache verschwinden. Das Meer wird weiter brüllen. Die Vögel werden zwitschern... Akzeptiert dies alles als die Wohltaten der Existenz, ohne Ausnahme. Was man bisher als „Meditation" gelehrt hat, ist nichts als Widerstand, Gegnerschaft. Bisher hat man nur gelehrt, dass man kein Geräusch hören darf, dass man keine Bewegung – nicht einmal die der Ameisen, die hier überall rumkrabbeln – wahrnehmen darf. Man soll praktisch sterben... Wer stirbt, spürt nichts, wenn ihn eine Ameise sticht. Die Luft bewegt sich, aber er spürt es nicht.

Wer lebt, wird das alles natürlich spüren. Je lebendiger du bist, desto mehr wirst du spüren. Du wirst immer besser fühlen können, deine Aufnahmefähigkeit wird zunehmen. Je stiller du wirst, desto lebendiger wirst du sein. Der kleinste Laut wird eine Regung in dir auslösen. Du wirst die winzigsten Geräusche hören können. Du wirst sogar eine fallende Stecknadel hören können.

Feinfühligkeit ist typisch für das Leben. Feinfühligkeit ist nicht typisch für den Tod. Aber bisher hat man euch im Namen von Meditation gelehrt, euch tot zu stellen, eine Leiche zu simulieren. Nein, ich wäre froh, euch lebendiger zu sehen – so lebendig, dass ihr sogar noch das zitternde Blatt an einem

Baum spüren könnt. Bisher hat man unter Meditation Widerstand, Unterdrückung, Feindschaft verstanden: Man sollte sich unterdrücken, man sollte sich zurückziehen, man sollte lautlos, ja ganz unauffällig sein, man sollte sich allseits abschotten.

Ich aber sage euch: Meditation heißt, sich zu öffnen, seine Tür zu öffnen statt sie zu verschließen. Bitte macht eure Tür auf und nehmt alles wahr, was hereinkommt. Bleibt einfach nur Zeuge, registriert alles wach. Je stiller ihr seid, desto mehr registriert ihr, desto mehr stellt ihr fest, dass die Türen des Lebens nachgeben.

Alles findet zusammen, alles hängt auf einmal zusammen. Nach und nach wird dir klar, dass deine Außengrenzen einstürzen. All deine Grenzen verblassen und du wirst eins mit dem Grenzenlosen, mit dem Unendlichen. Mit ihm zu verschmelzen ist *Samadhi*, der Zustand des Nichtdenkens. Und die Anstrengung auf die Unendlichkeit zuzugehen, ist Meditation. Aber du kannst diese Richtung nur einschlagen, wenn du allen Widerstand aufgibst. Wenn du dich wehrst und kämpfst, grenzt du dich wieder ab. Widerstand erzeugt Grenzen. Kein Widerstand also, akzeptiert alles; für euch darf es nur noch Akzeptanz geben, restlose Akzeptanz. Alles wird akzeptiert, und ihr sitzt still mit offenen Augen da, beobachtet in dem Wissen: „Ich bin nur ein Zeuge."

Jetzt werden wir uns hier hinsetzen. Lasst Platz zwischen euch, damit wir diese günstige Gelegenheit, so kurz sie auch ist … Die hat nicht jeder – aber nun seid ihr hier und habt drei Tage Zeit, macht das Beste draus! Jeder muss für sich sitzen, niemand darf irgendwen berühren. Schweigend, ohne zu reden …

Setzt euch, wohin ihr wollt, schweigend, ihr müsst euch wohlfühlen. Setzt euch, egal wo, seid still hin und macht es euch bequem. Wenn ihr euch an einen Baum lehnen wollt, ist das in Ordnung. Entspannt still euren Körper und setzt euch, ganz wie ihr wollt, wie es euch gefällt. Schließt sanft die Augen. Lasst die Lider los, lasst sie sich von selber schließen.

Jetzt sitzt ihr still mit geschlossenen Augen da. Gebt euch ganz dem Leben hin. Öffnet die Tore eures Geistes. Der Wind wird kommen und durch die Tore eures Geistes streichen. Ein Vogel wird singen, seine Stimme wird widerhallen und verebben. Du bist nur ein Zeuge, der schweigend dasitzt, beobachtet, immerzu lauscht ... Lausche weiter, immer weiter. Sei nur ein Zeuge und sonst nichts. Nach und nach wird es vollkommen still in dir.

Hörst du? Lausche dem Wind, dem tosenden Meer. Die Existenz macht eine Menge Geräusche. Hört zu. Ein Vogel hat angefangen zu singen. Lauscht weiter ... Lauscht weiter, und es wird still in euch werden. Lauscht zehn Minuten lang weiter, hört einfach zu.

Alles hat sich nun aufgelöst. Der Wind ist noch da, die Vögel sind noch da; du aber hast dich aufgelöst. Die Welt ist immer noch da, auch wenn du nicht mehr da bist. Das Leben bleibt da, aber du wirst nicht mehr da sein. Lass los. Hör allem still zu, zehn Minuten lang, hör einfach nur zu.

Lausche weiter, sei einfach nur Zeuge. Langsam wird es immer stiller in dir ... Dein Inneres ist von Schweigen erfüllt. In dir herrscht tiefe Stille ... Du bist ganz ruhig geworden. Lausche weiter ... immer weiter ... immer weiter.

Nur der Wind ist zu hören, das Brausen des Meeres … Wo bist du? Nichts als der Wind, das Meeresrauschen, das Vogelgezwitscher … Wo bist du? Lausche weiter … lausche weiter … Langsam wird alles ruhig.

Dein Verstand ist ruhig geworden; du hast dich völlig aufgelöst. Dein Verstand ist ruhig geworden … er regt sich nicht mehr … er ist völlig ruhig geworden. Du bist nur ein Zeuge, nur … ein … Zeuge. Lausche weiter … lausche weiter … die Ruhe in deinem Verstand wird sogar noch tiefer. Nur der Wind, das rauschende Meer, das Vogelgezwitscher; dich gibt es nicht mehr.

(Ein Frau weint laut.)

Kümmert euch bitte um sie.

Atmet jetzt ein paar Mal tief ein. Atmet ein paar Mal tief ein und öffnet dann sanft eure Augen.

Die Morgensitzung ist beendet.

5

Authentisch zu leben ist eine Kunst

Heute morgen war mein Thema die Hingabe an das Göttliche im Leben, und die geistige Haltung von Akzeptanz, Achtung und Vertrauen, mit der wir leben müssen. Zu diesen Ausführungen sind ein paar Fragen eingegangen.

Das Leben ist niemals akzeptiert worden. Niemand hat euch je aufgefordert, dem Leben zu vertrauen und es zu achten. Das hat bisher noch keiner verkündet. Wohl aber hat man zahlreiche energische Versuche gemacht, dem Leben zu entkommen, es zu zerstören und kurz und klein zu schlagen. Manche Leute – Politiker, Kriegstreiber, Generäle – haben versucht, diese Erde dazu anzustiften, das Leben zu zerstören. Es gab jedoch andere, die ein alternatives Konzept hatten. Diese – die sogenannten Frommen, die Einsiedler und Mönche – wollten unbedingt nach innen gehen und zerstörten sich selber. Diese zwei Varianten von Gewaltausübung hat es bisher gegeben – entweder hat man das Leben anderer zerstört oder das eigene Leben ... „Vernichte andere oder vernichte dich selbst!" – so oder so wird Leben zerstört. Bis zum heutigen Tag hat niemand den Geist des Menschen zu einer uneingeschränkten Achtung des Lebens zu bewegen vermocht. Was Wunder, dass so viele Fragen gestellt wurden – schließlich hab ich gesagt, dass das Leben selbst göttlich sei.

Ein Freund hat gefragt:

Osho,
wenn das Leben selber göttlich ist, wozu dann die Befreiung vom Zyklus des Lebens und des Todes – oder Moksha?

Es heißt immer, das Leben sei eine einzige Sklaverei, aber für mich ist es göttlich! Zweifellos hält man das Leben seit jeher für Sklaverei. Aber das stimmt nicht. Wenn es auch für Leute, die keine Ahnung von der Kunst des Lebens haben, durchaus reine Sklaverei ist.

Eine Reisegruppe besuchte einmal ein fremdes, unbekanntes Land. Hungrig geworden, machten sie an einem Obststand Halt. Da sie sich mit den Früchten des Landes nicht auskannten, hatten sie so ein Obstangebot noch nie gesehen. Kokosnüsse z.B. waren ihnen unbekannt – also fragten sie: „Was ist das?"

Der Obsthändler sagte: „Oh, das ist eine schmackhafte, köstliche Frucht, und sehr belebend. Die Adligen, ja selbst der König kaufen ihre Kokosnüsse nur bei mir!" Also kauften sie welche, zogen weiter und holten sie bei ihrer nächsten Rast am Straßenrand raus und bissen hinein – da sie ja nicht wussten, dass die Kokosnuss eine so harte Schale hat. Entsetzt über die Kokosfasern und mit wunden Lippen klagten sie: „Und diese Frucht soll schmackhaft sein?! Sie ist ja hart wie Stein!" Also warfen sie die Kokosnüsse weg und sagten: „Die Adligen und der König dieses Landes müssen ausgesprochen exzentrisch sein. Diese Früchte sind weder saftig noch schmackhaft, sondern einfach ungenießbar. Dies ist offenbar ein primitives Volk." Wieder heimgekehrt, erzählten sie allen Leuten von einem Land voller Narren, wo man Früchte esse, die so hart wie Stein seien. Denn man hatte ihnen nicht gesagt, wie Kokosnüsse gegessen werden.

Es ist also nicht verwunderlich, wenn die Leute das Gefühl haben, in Ketten zu leben – da sie nicht wissen, wie die Früchte des Lebens gegessen werden. Sie können das Leben nicht genießen, weil sie nicht an den Saft des Lebens herankommen, nicht die Musik des Lebens vernehmen können. Das Leben besteht nicht aus Ketten, und die einzige Befreiung – *Moksha* – ist das Leben selbst. Wer das Leben in seiner Gesamtheit zu erkennen vermag, wird mitten im Leben befreit – indem er es lebt! Es gibt keinen Gegensatz zwischen Leben und Befreiung.

Im Leben sind gegensätzliche Kräfte ausgeschlossen. Zwischen der Existenz und der Welt kann es unmöglich eine grundsätzliche Feindschaft geben – wohl aber eine Brücke tiefer Freundschaft. Es gibt im Grunde nur eine einzige Seele, die in der Welt, in der Befreiung, im Körper wie im Geist, in der Form wie der Formlosigkeit zum Ausdruck kommt. Doch unser Scheitern, unser Misstrauen ins Leben schränkt uns ein, ist für uns eine Versklavung.

Wir haben keine Ahnung von der Kunst des Lebens. Und da wir diese Kunst nicht kennen, ist uns das Leben sauer und fad geworden. Statt also anders zu leben, wollten wir lieber das Leben zerstören. Wir hatten uns aufgeführt wie der Narr, welcher ... Vielleicht erkennt ihr diesen Dummkopf ja. Wenn nicht, hört gut zu – dann merkt ihr vielleicht, wen ich meine.

Ein junger Bursche hielt sich einmal für sehr hübsch – niemand auf Erden war hübscher als er! So denken nur Wahnsinnige. Offenbar mied er jeden Spiegel wie den Teufel. Als man ihm dann doch mal einen Spiegel vorhielt, verlangte er: „Zerschlagt sofort diesen Spiegel!"

Auf die Frage „Warum?" erwiderte er: „Ich bin sehr hübsch, aber der Spiegel will mich provozieren: Er behauptet, dass ich hässlich sei. Der Spiegel versucht, mich hässlich zu machen. Ich kann Spiegel nicht ausstehen und werde jeden einzelnen zerschlagen. Ich bin hübsch, aber der Spiegel will mich verunstalten." Er weigerte sich, in einen Spiegel zu sehen. Sobald er einen sah, zerschlug er ihn augenblicklich.

Der Mensch stellt sich an wie jener Dummkopf. Er kann nicht ertragen, dass ein Spiegel die Wirklichkeit wiedergibt. Ein Spiegel zeigt uns so, wie wir sind; er hat keinen Grund, irgendwen zu verunstalten. Aber statt zuzugeben, dass wir hässlich sind, zerschlagen wir den Spiegel sofort.

Die Leute, die sich von der Welt abwenden, schlagen Spiegel ein. Wenn euch die Welt unglücklich vorkommt, dann denkt dran, dass die Welt lediglich ein Spiegel ist. Wir sehen das, was wir sind. Wenn wir unglücklich sind, finden wir die Welt todunglücklich. Wenn wir uns gern Sorgen machen, wird unsere Welt von Sorgen überschattet. Wenn wir Dornen gesammelt haben, finden wir auf der Welt nur Dornen. Wie man in die Welt hineinruft, so schallt es heraus. Egal was in dir ist: Die Welt ist dein Echo.

Wir aber sind nicht bereit, dies zu sehen. Wir sagen immer nur, die Welt ist Unglück. Wir sagen immer nur: „Das Leben ist sinnlos; lasst es hinter euch, zerstört es, flieht aus ihm, befreit euch." Wovor laufen wir eigentlich weg? Wir können uns nicht vom Leben befreien; wir müssen uns grundlegend ändern, statt unser Leben zu zerstören.

Wenn wir befreit werden wollen, müssen wir uns zutiefst transformieren; wir müssen bereit sein, uns zutiefst zu verändern. Dann sind wir dem Leben dankbar und fühlen uns selig. Dann sind wir der Existenz unendlich dankbar: Das Leben ist so schön, es ist so wunderbar, es ist so herrlich, ist so voller Poesie, so voller Lieder, so voller Musik … Doch wir müssen fähig sein, müssen imstande sein, dies alles zu sehen. Dazu gehören Augen, die dies alles sehen – sowie Ohren, die dies alles hören, und Hände, die dies alles berühren.

Ein paar Freunde haben Fragen gestellt:

Osho,
heute Morgen hast du von der Kunst des Lebens gesprochen. Kannst
du uns sagen, was du darunter genau verstehst?

Unter Lebenskunst verstehe ich, dass wir unsere Feinfühligkeit, unsere Fähigkeiten, unsere Empfänglichkeit entwickeln sollten, und zwar so sehr, dass unser Herz von allem Wahren, Guten und Schönen im Leben berührt wird. Wir sollten das alles erfahren können. Doch so, wie wir leben, hindern wir unser Herz nur daran, alles Schöne im Leben zu empfinden und entsprechend zu handeln. Stattdessen lassen wir unseren Spiegel verstauben und verschmutzen, sodass er praktisch schon blind ist. So jedenfalls, wie wir unser Leben eingerichtet haben, kann unsere Gesellschaft oder unsere Kultur der Menschheit unmöglich den richtigen Weg zeigen. Wir sind von Kindesbeinen an auf der falschen Spur. Dieser Holzweg wird uns nur unser ganzes Leben über behindern, sodass wir das Leben nie wirklich kennenlernen.

Hierüber gilt es, ein paar Dinge zu verstehen – was auch einige eurer Fragen beantworten wird.

Erstens: Wir brauchen eine ehrliche und authentische Haltung, um Lebenserfahrungen zu sammeln. Unser Denken ist nicht ehrlich, sondern auf die Form bedacht. Wir können weder authentisch lieben noch authentisch hassen, weder authentisch ausrasten noch authentisch verzeihen. All unsere Gedankengänge, all unsere Erklärungen sind förmlich, *fake* und verlogen. Wie können wir das Leben wirklich verstehen, solange wir verlogen sind? Nur wenn wir ehrlich sind, erschließt sich uns das wahre Leben. All unser Denken und Trachten, unser ganzes Herz ist sehr vorprogrammiert. Dies gilt es zu verstehen und zu berücksichtigen. Wenn ihr frühmorgens aus dem Haus geht und irgendwen auf der Straße seht, grüßt ihr ihn und denkt doch insgeheim: „Wieso läuft mir dieser Langweiler schon in aller Herrgottsfrühe über den Weg?" Reine Heuchelei … Eure Unehrlichkeit geht los.

Und so geht es rund um die Uhr weiter – diese unehrliche, schizophrene Haltung bestimmt unser Leben. Wie kommen wir an das Leben ran? Dabei schieben wir die Schuld auf das Leben. Diese Schizophrenie ist die Ursache der menschlichen Misere. Mit dieser Gespaltenheit leben wir ständig – nach außen so und innen so. Wenn es bei nur einer Spaltung bliebe, ginge das noch an – aber wir haben Tausende von Spaltungen. In uns spielen sich gleichzeitig Zigtausende von Dingen ab. Unsere Persönlichkeit ist nicht authentisch, ist nicht ehrlich. Unsere ganze Persönlichkeit ist offenbar nur Theater, so als schauspielerten wir.

Wen halten wir zum Narren? Für wen das Theater? Damit täuschen wir niemanden außer uns selbst – um die Selbsterkenntnis fernzuhalten. So brauchen wir noch nicht Kontakt mit dem Leben aufzunehmen. Damit betrügen wir uns in jeder Hinsicht nur selber. Am tiefsten täuschen wir uns auf der Ebene des Verstandes – auf der Ebene wird alles unauthentisch.

Habt ihr je irgendwen wirklich geliebt? Den Weisen zufolge können nur die Dummen lieben. Intelligente Leute reden nur über Liebe; sie mimen zwar Liebe, lieben aber nie irgendwen. Praktisch veranlagte Leute lieben niemals. Sie reden nur immer von Liebe. All unsere Gefühle beschränken sich auf Worte. Keine Lebenserfahrung hat uns je so tief berührt, dass wir bereit wären, dafür zu leben oder zu sterben. Keines unserer Gefühle ist authentisch. Selbst wenn uns der Kragen platzt, platzt er umsonst.

Nichts geschieht ... es geschieht kraftlos, es steckt keine Kraft dahinter. Wie kann einer, der seine Wut verheimlicht, je aufrichtig, ehrlich verzeihen? Nur wer total wütend werden kann, vermag zu verzeihen. Nur wer ein Feind sein kann, vermag ein Freund zu sein. Wir aber können weder das eine noch das andere. Wir hängen genau dazwischen. Wir sind unentschieden. Einfühlungsvermögen ist spurlos aus unserm Leben verschwunden.

Ein junger Mann lebte einmal in einem Dorf ...

Diese Geschichte ist lange her. Heute gibt es kein echtes Landleben mehr. Es gibt zwar noch Dörfer, aber kein Dorfleben mehr. Diese Geschichte spielt in Amerika, vor etwa zweihundert bis zweihundertfünfzig Jahren. Der junge Mann heiratete. Nach der Hochzeit fuhr das Brautpaar mit dem Pferdewagen zurück in sein Dorf. Irgendwo blieb das Pferd im Schlamm stecken. Der junge Mann tat, was er konnte, aber das Pferd rührte sich nicht. Er drohte ihm: „Hör zu: Ich zähl jetzt bis drei. Eins ..." Seine Frau wunderte sich: Er redete mit seinem Pferd! Das Pferd ging ein paar Schritte und blieb erneut stehen. Der Mann sagte drohend zu ihm: „Zwei ...." Die Frau schwieg. Als das Pferd wieder stehen blieb, sagte der Mann: „Drei!" – stand auf, zog seine Pistole und erschoss das Pferd.

Seine Frau war entsetzt – sie gab ihm einen Stoß und sagte: „Wie grausam du bist!" Der junge Mann sah sie an und sagte: „Noch einmal! ... " Seine Frau erschrak. Er fuhr fort: „Eine Chance hast du noch."

Die Frau schreibt in ihren Memoiren: „Ich starrte diesen Mann an, dessen Wut so heiß sein konnte. Mir gingen die Augen auf, was für eine Kraft und Herrlichkeit seine Persönlichkeit besaß."

Nun, versteht das bitte nicht als Aufforderung, irgendwen zu erschießen – aber danach schreibt seine Frau, sein Temperament befähige ihn zu wahrer Liebe.

Fromme Prediger haben das Menschengeschlecht vergiftet, haben es in jeder Beziehung impotent gemacht. Sie haben die Gebrechlichkeit der Menschen gefördert und alle möglichen intensiven Gefühle untersagt. Man hat den Menschen eingesperrt. Darum hat kein starkes Gefühl in ihm bleiben dürfen.

Folgendes geschah einmal am Hofe von Kaiser Akbar ...

Zwei Rajputen kamen zum Hof, ihr nacktes Schwert in der Hand. Sie traten vor Akbars Thron und sagten: „Wir möchten für dich kämpfen. Wir sind arbeitslos."

Akbar fragte: „Was habt ihr gelernt?" Sie erwiderten: „Wir sind mutige Soldaten. Sonst haben wir nichts gelernt."

Akbar erkundigte sich: „Habt ihr Empfehlungen dabei?" Da blitzte es feurig in ihren Augen. Sie duellierten sich, durchbohrten einander die Brust – und schon lagen zwei Leichen in einer sprudelnden Blutlache. Akbar war entsetzt; mit schlotternden Händen und Füßen rief er seinen Rajputen-Hauptmann und fragte: „Sieh dir das an! Ich bat sie doch nur nachzuweisen, dass sie gute Krieger sind!"

Der Hauptmann darauf: „Das hättet Ihr lieber lassen sollen. Wie kann man einen Rajputen um den Beweis seiner Kühnheit bitten! Denn dann muss er zwangsläufig sein eigenes Leben opfern. Auf die Art haben die beiden den Beweis ihrer Kühnheit erbracht. Das war die einzige Möglichkeit – denn eine Urkunde dafür gibt es nicht. Kühnheit ist nur zu beweisen, indem man dem Tod direkt ins Auge sieht – furchtlos. Nur so lässt sich Kühnheit beweisen."

Eine Urkunde kann es unmöglich geben. Niemand ist ein größerer Feigling als einer, der eine Urkunde über Kühnheit in der Tasche hat. Schon so eine Urkunde verrät Feigheit; wer läuft schon mit so einer Urkunde rum?

In seinen Memoiren hielt Akbar fest, diesen Denkzettel niemals vergessen zu haben: Damals habe er im Bruchteil einer Sekunde zwei wahrhaft lebendige Menschen gesehen. Ihre Unerschrockenheit habe ihm offenbart, was es heißt, authentisch zu leben. In jener Sekunde habe er blitzartig zwei authentische Menschen gesehen. Solche Erkenntnisblitze sind längst aus unser aller Leben verschwunden. In unserm Leben schlägt kein Blitz der Wut oder Liebe mehr ein. Nichts vermag unser Leben zu erhellen. Und weil dem so ist – und weil uns solch eine Helligkeit, solch eine Energie und solche Blitze fehlen, sterben wir allmählich aus.

Wie finden wir eine Verbindung zum Leben? Um uns mit dem Leben zu verbinden und mit ihm in Beziehung zu treten, müssen wir intensiv und rückhaltlos leben – statt heilige Schriften zu studieren oder in Tempeln zu beten. Beten kann man einzig und allein im Tempel des Lebens. Dazu ist ein intensives Leben erforderlich – ein rückhaltloses Leben, ein schrankenloses Leben, ein starkes und kraftvolles Leben, ein Leben voll von überschäumender Energie. Wir leben schon längst ohne Energie; wir haben sogar unsern aufrechten Gang verlernt und werden nur rumgeschoben.

Meiner Ansicht nach solltet ihr euch als ersten Schritt zur Lebenskunst darum bemühen, so intensiv wie möglich zu leben. So als stünde unser Leben immerzu auf dem Spiel. Wer weiß, ob der nächste Moment überhaupt noch kommt? Vielleicht kommt euer nächster Atemzug, vielleicht auch nicht ... Unser Leben kann jeden Moment vorbei sein – daran ist nicht zu rütteln.

Im Moment fühlt ihr euch wohl und sitzt bequem hier, um mir zu lauschen. Wenn ich euch sagte, dass ihr nur noch eine Stunde zu leben habt – was könntet ihr mit dieser Stunde anfangen? Oder wenn ihr erfahrt, dass ihr nur noch eine Sekunde zu leben habt ... Wie würdet ihr diese letzte Sekunde verbringen?

Tatsache ist, dass der Mensch immer nur über eine Sekunde verfügt. Ob die nächste Sekunde kommt, steht offen. Vielleicht kommt sie – vielleicht auch nicht. Die jetzige Sekunde ist alles, was ich habe. Wenn ich sie nicht mit überschäumender Energie auskoste ... muss ich lernen richtig zu leben. Wer weiß, ob ich das, was ich gerade mache, wiederholen kann. Wenn ich gerade Sex mit jemandem habe, wer weiß, ob sich dieser Beischlaf jemals wiederholen lässt? Wer garantiert mir, wenn ich nachts den Sternenhimmel betrachte, dass ich ihn je wiedersehen kann?

Dies sollte der erste Grundsatz der Lebenskunst sein: Dass ich alles, was ich im Moment mache – was sich im Moment abspielt, was ich im Moment bin – rückhaltlos geschieht, mit allem, was ich habe.

Diese Rückhaltlosigkeit, diese Ganzheit sollte die Achse sein, um die sich mein ganzes Leben dreht, denn soviel ich weiß, gibt es nur diesen Moment. Wer weiß, wenn ihr heute Abend einschlaft, ob ihr morgen früh wieder aufwachen werdet? Schlaft also nachher rückhaltlos ein. Ihr könnt nicht wissen, ob es das letzte Mal sein wird. Wenn ihr euch von eurem Freund verabschiedet, tut es rückhaltlos, mit allen Sinnen, da ihr nicht wissen könnt, ob es das letzte Mal sein wird.

Normalerweise leben wir so achtlos, dass wir nicht merken, uns nicht klarmachen, wie rasend schnell die Zeit vergeht. Wir tun so, als würden wir ewig leben. Wir führen ein so stumpfsinniges und lahmes Leben – als bräuchten wir nur sorglos zu faulenzen. Nein, das Leben hat Intensität. Wie tief wir in den Tempel des Lebens vordringen können, hängt davon ab, wie intensiv wir leben. Aber Intensität ist kein Schulfach ...

Wenn wir weinen, dann nie so herzzerreißend, dass unsere Tränen all unsere Lebensgeister läutern. Tränen, die aus den Tiefen unserer Seele aufsteigen, erfrischen das Herz; sie sind höchst wertvolle Tränen – viel wertvoller als Diamanten oder Perlen. Sie offenbaren uns die Herrlichkeit unserer Seele. Wenn wir auch nur ein Mal so herzzerreißend zu weinen vermögen, können wir – mithilfe dieser Tränen – mit dem Leben in Berührung kommen. Oder wenn wir lachen, dann sollten wir es aus ganzer Seele tun. Ein solches Lachen kann dasselbe bewirken. Lebt intensiv!

Leben wir etwa intensiv? Nein, tun wir nicht. Deswegen fällt uns das Leben zur Last. Das liegt aber nicht am Leben; sondern daran, dass Achtlosigkeit, Gleichgültigkeit, Schlaffheit unser Leben bestimmen – es ist lauwarm. Dies zeigt eindeutig, dass wir nicht gelernt haben, wie man leben soll.

Dies ist meine Ansicht: Wenn ihr das Leben versteht, werdet ihr erkennen, dass das Leben ein Glücksspiel ist – man muss ständig alles, was man hat, aufs Spiel setzen. Wer das vermag, versteht alles. Wir aber setzen nie etwas aufs Spiel. Wir setzen allenfalls etwas zum Schein aufs Spiel, um zu prahlen. Wir haben weder je irgendwem wirklich vertraut, noch jemanden wirklich geliebt. Weder haben wir jemals aus vollem Herzen gelacht, noch jemals herzzerreißend geweint.

Im indischen Königreich Vijaynagar lebte einmal ein großer Musiker, dessen siebzigster Geburtstag bei Hofe gefeiert wurde. Aus dem ganzen Königreich strömten die Leute herbei, die ihn liebten und verehrten, beladen mit Gaben – sehr teuer, die teuersten. Der König kam, die reichen VIPs waren da, auch große Musiker waren anwesend. Der Hof war überflutet von Gaben.

Da pochte ein Bettler ans Tor und sagte, auch er habe ein Geschenk dabei und begehrte Einlass. Doch er hatte schmutzige Lumpen an und der Torwächter wies ihn ab. Da fing er an zu weinen und rief: „Hast du nicht gehört? Ich hab auch ein Geschenk mitgebracht. Bitte gewähre mir Einlass." Aber wer gestattet schon einem Bettler, den Königspalast zu betreten?

Seine Stimme, sein Weinen, sein Geschrei drang nach innen – der Musiker hörte es. Er bat: „Lasst ihn rein. Auch wenn er nur ein Bettler ist – erlaubt ihn zumindest, sein Geschenk zu überreichen." Der Bettler war nicht sehr alt, er mochte nicht älter gewesen sein als vierzig.

Der Palast wimmelte von Gästen. Er wurde reingeholt Er fiel dem Musiker zu Füßen und rief: „Oh Gott, erbarme dich und schenke diesem Musiker die restlichen Jahre meines Lebens." Und mit diesen Worten hauchte er seine Seele aus …

Dies ist historisch, nicht nur ein Märchen. Tausende standen auf, wie gebannt. So etwas hatte man noch nie gesehen, geschweige denn gehört! Ein solches Phänomen ist nur bei absoluter Rückhaltlosigkeit möglich. Wenn man sich mit seinem ganzen Sein etwas wünscht, ist es kein Wunder, dass so ein Wunsch erfüllt wird. Wenn ein Gebet aus ganzer Seele kommt, wird es erhört, ehe es ausgesprochen wurde. Jeder Wunsch aus tiefster Seele wird Wirklichkeit, ehe er formuliert wird. Ein mit ganzer Seele empfundener Traum wird wahr, bevor er die Form eines Traumes annimmt.

Doch solche mit ganzer Seele empfundene Wünsche haben wir nie. Wir haben nie die Kunst gelernt, unser gesamtes Dasein auszuloten. Nur deswegen erscheint uns das Leben wie eine Last. Wer mit ganzer Seele lebt, der lebt bis in alle Ewigkeit in Freiheit… lebt immerzu in *Moksha*. Denn *Moksha*, die Befreiung, findet man nicht droben im Himmel, sondern in der Kunst, rückhaltlos zu leben.

Rabindranath Tagore, ein großer Dichter, lag im Sterben, als ein Freund zu ihm sagte: „Dies sind die letzten Augenblicke deines Lebens, es geht zur Neige: Du solltest jetzt die Existenz bitten, dich vom ewigen Kreislauf von Geburt und Tod zu befreien."

Tagores Augen waren geschlossen; er schlug sie auf. Er musste lachen und sagte zu seinem Freund: „Ich danke der Existenz, mir dieses Leben geschenkt zu haben. Ich bin in meinem ganzen Leben restlos zufrieden gewesen – wie könnte ich mir da wünschen, vom Leben erlöst zu werden? Mein Herz hat in diesem letzten Augenblick nur einen Wunsch: Sollte ich es verdient haben, so möchte ich immer wieder auf die Welt geschickt werden. Die Welt ist so schön! Falls ich mal etwas Hässliches gesehen habe, muss mit meinen Augen etwas nicht stimmen, muss es mein Fehler sein! Die Welt ist voller Blumen, und dahinter ein paar verborgene Dornen. Wenn ich Dornen gesehen habe, muss das mein Fehler sein. Beim nächsten Mal werde ich es erst recht verdient haben, mehr Freude, mehr Glückseligkeit zu erfahren."

Kurz vor seinem Tod führte Gandhi ein ungewöhnliches Experiment durch. Wahrscheinlich wisst ihr nichts davon – denn Gandhis Anhänger haben die Einzelheiten zu vertuschen versucht. Darum weiß ganz Indien nichts von diesem Experiment ...

In den letzten Tagen seines Lebens also machte Gandhi besagtes kleine Experiment, das vermutlich das wichtigste seines Lebens war: Er begann mit einem nackten Mädchen zu schlafen. Er wollte wissen, ob sein Geschlechtstrieb noch rege war, ob in ihm noch körperliche Anziehung schlummerte. Wenn die Seele eines Menschen nur noch dem Göttlichen zustrebt, kann ihn der Körper nicht mehr reizen. Das war es, was er herausfinden wollte: Also musste er sich auf dieses Gefühl einlassen.

Bevor er mit dem Experiment anfing, bat Gandhi ein paar seiner engsten Freunde um Rat, ob er sich auf solch ein Experiment einlassen solle. In den meisten Antwortbriefen stand mehr oder weniger: „Du bist ein *Mahatma*, also eine große, erhabene Seele. Du kannst gar nichts falsch machen. Aber lass dich besser nicht auf dieses Experiment ein. Es würde deinem Ruf schaden, es hätte mit Sicherheit negative Auswirkungen." Alle sagten mehr oder weniger: „Du bist ein großer Mahatma, aber ..." In sämtlichen Briefen tauchte dies „aber" auf.

Gandhi las sie alle, doch sobald das Wort „aber" kam, warf er sie weg und sagte: „Mit diesem Wörtchen „aber" wird alles, was davor steht, weggewischt, geleugnet: ‚Du bist ein großer, edler Mann, aber …‘. Wie verträgt sich das aber mit einem Mahatma? Sie hätten besser schreiben sollen: ‚Du bist halt auch nur ein Mann, darum …‘, das wäre ehrlicher gewesen. Das wäre authentischer, aufrichtiger gewesen."

Von all diesen Briefe war einer anders; als er den las, kamen Gandhi Freudentränen. Der Brief war von J. B. Kriplani. Er schrieb: „Das fragst du mich? Höre ich recht? Selbst wenn ich dich bei einem Ehebruch ertappte, misstraute ich meinen Augen eher als dir. Ich kann's nicht fassen: Wie bitte? Du stellst mir diese Frage? Wenn ich dich gefragt hätte, wär's verständlich gewesen." Unauthentische, falsche Leute misstrauen ihren Augen niemals. Stattdessen misstrauen sie dem Leben selber. Sie sagen: „Das Leben fällt mir zur Last." Sie sagen: „Dieses Leben ist sinnlos." Sie sagen: „Das Leben ist abstoßend." Nie im Leben kämen sie darauf, dass sie vielleicht einen Knick in der Linse haben, dass vielleicht mit ihren Augen etwas nicht stimmt.

Ich nenne den Menschen religiös, der lieber erst seinen eigenen Augen misstraut. Lieber misstraut er zunächst sich selbst als diesem unendlichen Leben. Als religiöser Mensch kann er die Kunst zu Leben erlernen – denn jeder, der fähig ist sich selbst zu misstrauen, kann eine Methode finden, sich zu transformieren. Wer dem Leben selbst misstraut, hat keine andere Wahl, als dem Leben den Rücken zu kehren und zu fliehen, das Leben aufzugeben, das Leben zu zerstören, zu desertieren – sich irgendwie nach und nach abzutöten, dem Leben zu entrinnen und dem Tod in die Arme zu laufen.

Daher ist die erste Lektion dessen, der die Lebenskunst erlernt, das Eingeständnis: „Ich liege falsch. Wenn das Leben für mich nur eine Sklaverei, ein Elend, eine Agonie ist, dann stimmt mit mir etwas nicht. Dass ich falsch liege, ist daran zu erkennen, dass ich nicht authentisch bin. Meine ganze Lebensweise ist verlogen. Alles was ich sage ist verlogen, meine gesamte Arbeit ist verlogen, meine Augen verzerren alles; alles an mir ist verkehrt."

Es ist wesentlich, sich zu fragen, ob man nur eine Maske trägt. Wir alle haben uns so eine falsche Persönlichkeit zugelegt. Dieses Gift wurde uns schon als Kind eingeimpft; so ist unsere Persönlichkeit verfälscht worden.

Sobald man sich dessen bewusst wird, kann man etwas unternehmen, damit nach und nach eine echte Persönlichkeit entsteht. Ich versichere euch: Mumm und Mut zu haben ist ein unverzichtbarer Teil der spirituellen Disziplin und die Bemühung, authentisch zu sein und auch ständig bewusst zu leben, mit unermüdlicher Intensität, ununterbrochen. Wenn ihr weint, weint rückhaltlos, weint mit allem, was ihr habt. Wenn ihr lacht, lacht rückhaltlos, mit allem, was ihr habt. Werdet Freunde mit allem, was ihr habt. Seid bei euren Mahlzeiten völlig präsent. Wenn ihr bewusst seid, seid es restlos. Ob ihr schlaft oder aufsteht – gebt immer alles.

Kein Augenblick kommt je wieder. Den werdet ihr nur ein Mal erleben. Man kann unmöglich derselben Route noch ein zweites Mal folgen. Der Augenblick kommt nie wieder, die Chance kommt nie wieder. Wenn ihr also jeden Moment nur ein Mal erlebt, dann erlebt ihn bei vollem Bewusstsein, mit all eurer Achtsamkeit, mit all eurer Energie. Eure gesamte Individualität sollte beteiligt sein, sollte mitmachen, sollte sich ins Jetzt einbringen. Dann werdet ihr allmählich erkennen, dass euer Leben nach und nach aufhört eine Versklavung zu sein; werdet ihr erkennen, dass

es nur deswegen eine Versklavung war, weil ihr unachtsam, unbe-
wusst wart.

Sobald ihr anfangt intensiv zu leben, fallen nach und nach eure
Fesseln ab. Um diesen Zustand zu erreichen, müsst ihr experimentieren, braucht ihr eine spirituelle Disziplin und müsst sie
befolgen und ihre Richtung einschlagen. Ihr müsst diese Richtung im Blick behalten und immerzu an sie denken, dürft sie
keinen Augenblick vergessen und stets darauf achten, nicht
wieder in eure alten, verkehrten Verhaltensmuster zu verfallen.

Tag für Tag versichert jeder Ehemann seiner Frau: „Ich liebe
dich." Aber er weiß dann nicht, was er sagt. Seine Worte klingen
wie eine Schallplatte, sind nichtssagend, seelenlos. Auch seine
Frau weiß das. Auch sie versichert ihrem Mann: „Ich liebe dich.
Ich würde für dich sterben. Ich kann keine Minute ohne dich
leben." Aber sie steht nicht wirklich dahinter; es ist geheuchelt.
Sagt so etwas bitte nicht! Haltet besser den Mund. Wenn ihr so
redet, rennt ihr unausweichlich in eine Falle. Damit verbeugt ihr
euch vor etwas, woran ihr nicht glaubt.

Wir beten in Tempeln, selbst wenn wir klar sehen, dass kein Gott
da ist, nur ein Stein. Wir verehren heilige Schriften, in denen wir
nie der Wahrheit begegnet sind. Wir sind absolute Heuchler
geworden. Wie könnt ihr als Heuchler einen Weg zur Wahrheit
des Lebens finden? Wie kann das Tor aufgehen, wie könnt ihr
der Wahrheit auch nur einen Schritt näherkommen? Ist es euch
ernst, wenn ihr euch im Tempel in tiefer Andacht verneigt? Habt
ihr in eurem Tempel je eine göttliche Erfahrung gemacht? Nein.
Wozu geht ihr dann überhaupt in einen Tempel? Wer hat euch
befohlen, vor diesen Götzen zu stehen?
Ein buddhistischer Mönch verbrachte einmal die Nacht in einem

japanischen Tempel. Es war eisig kalt und der Mönch war nur spärlich bekleidet. Der Priester des Tempels hatte ihn nur aus Mitleid aufgenommen, doch gegen Mitternacht weckte ihn ein Feuer im Innenhof des Tempels – das der Mönch schürte!

Der Priester rannte hin und fragte: „Was macht ihr?!" Im Tempel standen drei hölzerne Buddha-Statuen, und der Mönch war gerade dabei, eine davon zu verbrennen, um nicht so zu frieren. Der Priester brüllte: „Bist du verrückt?! Was soll das? Du verbrennst eine heilige Statue. Wie kannst du es wagen, Buddha zu verbrennen?"

Der Mönch nahm ein Stöckchen und stocherte damit in der Glut.

Wieder brüllte der Priester: „Was machst du da?!"

Der Mönch erwiderte: „Ich suche nach Buddhas Knochen in der Asche."

Der Priester schlug sich vor die Stirn und sagte: „Wie konnte ich nur so einen Idioten im Tempel aufnehmen! Seit wann hat ein hölzerner Buddha Knochen?"

Da konnte der Mönch nur lachen. Er sagte: „Wenn eine Holzstatue keine Knochen hat, wie kann sie dann Buddha sein? Du kannst gehen, die Nacht ist noch lang. Da drüben stehen noch zwei solche Statuen – bring sie mir doch bitte. Die können wir auch verbrennen, damit das Feuer nicht ausgeht." Der Priester jagte den Mönch aus dem Tempel – mitten in dieser eiskalten Nacht. Die Holzstatue war für ihn Buddha selbst; doch dass jetzt ein lebender Buddha frieren musste, war ihm egal. Als er am Morgen vor den Tempel trat, sah er den Mönch mit betenden

Händen vor einem Meilenstein sitzen! Dem Priester war das rätselhaft. Er ging zu dem Mönch, schüttelte ihn und sagte: „Du Narr, was soll das jetzt heißen? Was betest du einen Stein an?!"

Der Mönch darauf: „Ich sehe Buddha überall. Ich hab heut Nacht die Statue nur verbrannt, um zu prüfen, wie tief du Buddha erkannt hast. Das mit den Knochen hast du jedenfalls nicht begriffen. An deiner Logik konnte ich erkennen, dass du keine Ahnung von Buddha hast. Dein hölzerner Götze ist *fake*, deine betenden Hände sind *fake*, und auch deine Verehrung ist *fake*.

Ramakrishna war als Priester im Dakshineshwar Tempel angestellt – für zwanzig Rupien im Monat. Etwa eine Woche nach seiner Ernennung gab es Probleme; der Verwaltungsrat des Tempels war sich unschlüssig, und so fand ein Treffen statt. Ihnen kam der Mann zu exzentrisch vor – ein wahrer Mensch wirkt immer exzentrisch. Viele Beschwerden lagen vor: In letzter Zeit wären etwas merkwürdige Andachten gehalten worden. Die Vorwürfe bestätigten sich; sie waren berechtigt: Ramakrishna hatte, so wurde beobachtet, an den der Gottheit geweihten Blumen gerochen. Ebenso hatte er die Speisen für die Gottheit zuvor gekostet! Alles war merkwürdig.

Ramakrishna wurde zur Rede gestellt: Hatte er wirklich an den Blumen gerochen, bevor er sie der Gottheit opferte? Er erwiderte: „Wie konnte ich sie opfern, ohne ihren Duft zu prüfen?" Und hatte er wirklich die für die Gottheit bestimmten Speisen vorher gekostet? Er erwiderte: „Genau das hat meine Mutter auch immer gemacht. Erst hat sie selber gekostet, bevor sie mich fütterte. Ich kann der Gottheit keine Speise darbieten, ohne sie vorher gekostet zu haben: Wer weiß, ob es gutes Essen ist oder nicht?"
Dies ist ehrlicher, authentischer Gottesdienst. All unser heutiger

Gottesdienst ist geheuchelt, töricht und *fake*. Er ist bedeutungslos. Wir stehen mit betenden Händen im Dunkeln. Unsere Worte sind geheuchelt. Und dann sind wir so frech zu sagen: „Das Leben ist eine Sklaverei." Das Leben ist keine Sklaverei; vielmehr versklavt uns unsere heuchlerische Persönlichkeit. Wir sind zu Heuchlern geworden; alles um uns her ist geheuchelt.

Ich bitte euch ernsthaft, all euer höfliches Getue abzulegen, eure Heuchelei abzulegen. Macht authentische Lebenserfahrungen und lebt rückhaltlos intensiv – und ihr werdet merken, dass noch der kleinste Handschlag zu Gottesdienst wird. Dann werdet ihr merken, dass es Gottesdienst ist, mit jemandem Hand in Hand zu gehen. Ihr werdet es als Gottesdienst erleben, jemandem tief in die Augen zu schauen. Dann wird euch allmählich aufgehen, wie ihr vom Göttlichen umfangen seid. Tempel Gottes gibt es wie Sand am Meer; nunmehr werdet ihr auch welche in Steinen, in Kieseln, in jedem einzelnen Blatt, in jeder einzelnen Blume entdecken. Dann ist jedes Wort ein Wort Gottes. Wenn wir authentisch leben, sind wir tatsächlich mit der Wahrheit des Lebens verbunden. Da wir nicht authentisch leben, haben wir auch keine Verbindung zum Leben.

Genug für jetzt. Es sind noch ein paar mehr Fragen hierzu gestellt worden; ich werde morgen auf sie eingehen. Jetzt machen wir noch die Abendmeditation.

Prüft bitte zur Vertiefung dessen, was heute besprochen wurde, ob ihr wirklich authentisch meditiert oder nur deswegen, weil alle anderen meditieren. Meditiert ihr mit all eurer Energie? Es könnte ja sein, dass ihr nur dasitzt, so wie alle anderen dasitzen, um nicht aus dem Rahmen zu fallen – da ihr an diesem Camp teilnehmt, da ihr von weither angereist seid, meditiert ihr jetzt halt mit. Wenn ihr nur deswegen mitmacht, kann eure Meditation nicht tief gehen, nicht Wurzeln schlagen. Aber wenn ihr mit all eurer Energie teilnehmt, alles aufs Spiel setzt ... Wer weiß, ob ihr nach der Meditation wieder aufstehen könnt? Wer weiß ... dies könnte euer letzter Augenblick sein, und den zu verpassen, wäre vielleicht nie wieder gutzumachen! Wer kann das schon wissen – durchaus möglich, dass dies dein letzter Augenblick ist.

Ein junger Sannyasin zog in einen Ashram. Dort galt die Regel: Jeder Neuankömmling muss drei Mal den Guru umkreisen, sieben Mal seine Füße berühren und sich dann vor ihm hinsetzen, um ihm zu sagen, was er auf dem Herzen hat. Der junge Mann trat ein, ging schnurstracks auf den Guru zu, legte ihm beide Hände auf die Schultern und sagte: „Ich möchte dir ein paar Fragen stellen."

Der Guru sagte: „Wie ungehobelt du bist! Wie taktlos! Weißt du nicht, dass du mich drei Mal umrunden und sieben Mal meine Füße berühren musst, und erst dann hinsetzen und Fragen stellen kannst? Sonst bekommst du keine Antwort."

Der junge Mann sagte: „Warum nur drei? Ich kann dich hundert Mal umkreisen! Warum nur sieben? Ich könnte deine Füße siebenhundert Mal berühren, aber kannst du mir versprechen, dass ich diese drei Runden schaffe? Werde ich sie überleben? Kannst du die Verantwortung dafür übernehmen, dass ich am Leben bleibe? Meine Fragen und deine Antworten sind für mich das Dringlichste. Erst brauche ich Antworten; wenn danach noch Zeit ist, gehe ich gern drei Mal um dich herum und berühre deine Füße."

Der Guru wandte sich seinen anderen Schülern zu und sagte: „Dies ist das erste Mal, dass ein authentischer und aufrichtiger

Sucher herkommt, um mich zu befragen. Jetzt brauche ich ihm nicht einmal zu antworten. Seine Art mich zu fragen genügt; ich werde ihm den Weg zur Antwort weisen."

Wer restlos, rückhaltlos meditiert, kann auf der Stelle erleuchtet werden; kann es hier und jetzt, noch in diesem Moment geschehen – vorausgesetzt, er meditiert mit all seiner Energie.

Swami Ramateertha war Mathematikstudent. Er machte alles auf seine Art und Weise. Wenn in einem Test zwölf Aufgaben gestellt wurden, von denen man nur sieben zu lösen brauchte, löste er alle zwölf und überließ es dem Prüfer, nur sieben davon zu bewerten. Er war sicher, dass all seine zwölf Lösungen stimmten. Am Abend vor seiner Master-Prüfung setzte er sich um sieben Uhr hin, um eine Aufgabe zu lösen. Um drei Uhr früh war sie immer noch nicht gelöst. Ein Freund kommentierte: „Du machst dich verrückt. Gleich graut der Morgen, und für eine einzige Aufgabe schlägst du dir die ganze Nacht um die Ohren! Wer weiß, ob diese Aufgabe überhaupt drankommt? Wahrscheinlich kommen noch genug andere Aufgaben in Betracht – löse doch eine von denen!"

Ramateertha erwiderte: „Falls diese Aufgabe bei der Prüfung auftaucht, dann hätte ich erstmals nicht alle Aufgaben gelöst. Dann bliebe eine ungelöst. Nein, nein, ich muss diese Aufgabe lösen. Es geht mir ja nicht nur um die Prüfung. Wenn auch nur eine Aufgabe ungelöst bleibt, ist das für mich eine persönliche Niederlage. Ich muss diese Aufgabe lösen." Es war halb vier. Es wurde vier. In zwei Stunden brach der Morgen an. Die ganze Nacht verstrich, ohne dass er die Aufgabe gelöst hatte. Sein Freund war besorgt und sagte: „Was du da machst, ist reiner Wahnsinn!" Ramateertha stand auf, öffnete seinen Koffer, zog einen Dolch heraus und legte ihn auf den Tisch. Dann stellte er den Wecker für eine Viertelstunde später und sagte zu seinem Freund: „Adieu, Bruder! Wenn ich diese Aufgabe nicht in einer Viertelstunde gelöst habe, dann stoße ich mir diesen Dolch in die Brust." Sein Freund fragte: „Wieso machst du dich verrückt? Ist doch völlig egal, ob du diese Aufgabe löst oder nicht?"

Ramateertha konnte die Stimme seines Freundes schon nicht mehr hören – vor ihm lag der blanke Dolch. Er riss sich noch einmal zusammen. Die Aufgabe musste gelöst werden! Es war eine frostige Nacht, die Luft war kühl, doch nach drei Minuten standen ihm Schweißperlen auf der Stirn. Keine fünf Minuten später hatte er die Lösung. Er wischte sich die Stirn und jubelte: „Ich hab's!"

Der Freund darauf: „Nicht schlecht! Sollte ich in Zukunft auch mal vor so einem Problem stehen, werde ich den Trick mit dem Dolch und dem Wecker ausprobieren. Wer wird sich schon erdolchen? Selbst wenn der Wecker klingelt und die Aufgabe nicht gelöst ist, macht das doch nichts."

Ramateertha erwiderte: „Du hältst es für einen Trick. Es war kein Trick. Es war kein Theater. Ich war fest entschlossen, mir nach einer Viertelstunde den Dolch in die Brust zu bohren."

Wer sich mit solcher Entschlossenheit einem Problem stellen kann, wird das Problem entmachten, es verliert seine Energie. Welches Problem könnte dem widerstehen, der alles auf eine Karte setzt – in höchster Verzweiflung, mit seiner ganzen Energie? Wie könnte er verzweifelt bleiben? Wie könnte sein Problem unlösbar sein? Welches Hindernis wäre unüberwindbar? Nichts hat den, der sein ganzes Leben aufs Spiel setzt, je gehindert, nichts könnte ihn je hindern! Jedes Hindernis schmilzt dahin. Alle Türen öffnen sich. Alle Schlösser werden aufgeschlossen. Doch wir verstehen nicht, rückhaltlos zu leben. Meditation kann euch als Schlüssel dienen. Für Meditation müsst ihr alles aufs Spiel setzen. Alles, was wir tun, muss mit aller Kraft, mit geballter Energie geschehen.

Ich garantiere euch: Meditation ist der Schlüssel zum gesamten Schatz. Aber diesen Schlüssel können nur die finden, die total entschlossen sind, die ihre gesamte Energie, all ihre Gebete einbringen. Es kann heute geschehen. Es kann jetzt sofort geschehen. Ihr braucht es gar nicht mal zu tun – es kann, während ich spreche, von selber geschehen!

So, und nun die Abendmeditation.

Sucht euch einen Platz, wo ihr euch hinlegen könnt – nehmt ihn ein, ohne Geräusch, ohne zu reden. Und gebt heute Abend alles, was ihr habt; wir haben nur noch heute und morgen Abend; danach reisen wir ab.

Redet oder lacht bitte nicht. Kein Wort – denn das würde euch schaden. Wenn der Boden uneben ist, sollte euer Kopf höher liegen. Ihr dürft einander nicht berühren. Haltet Abstand, rückt etwas auseinander. Wer nicht gern innen liegt, kann an den Rand gehen. Wo ihr liegt, spielt keine Rolle – es gibt genug Platz für alle. Legt euch leise irgendwo hin.

Jetzt dürfte jeder seinen Platz gefunden haben. Nehmt schnell irgendwo Platz und legt euch leise hin. Hört auf zu suchen; setzt euch hin; legt euch hin.

Nehmt euch zunächst mit absoluter Ehrlichkeit im tiefsten Herzen vor: „Ich werde jetzt meditieren." Sagt in eurem Innersten, mit all eurer Energie, mit ganzem Sein: „Ich gehe jetzt ins Nichts ein. Dies ist mein aufrichtiger Entschluss. Ich will nicht nur zum Schein meditieren, sondern so, als stünde mein Leben auf dem Spiel, als ginge es für mich um Leben oder Tod." Beschließt dies im tiefsten Herzen. Macht danach die Augen zu und entspannt den Körper.

Schließt eure Augen und lasst den ganzen Körper entspannen. Was ist dies für ein unglaublicher Abend – kein Zweifel, dass etwas geschehen wird! Dein Durst ist so tief, dass es gar nicht ausbleiben kann. Wer kann es verhindern? Entspanne deinen Körper, schließ deine Augen.

Jetzt gebe ich dir ein paar Suggestionen. Befolge sie, während ich spreche, so gut du nur kannst; dann werden sie nach und nach wirken.

Zunächst stell dir vor, dass sich dein Körper entspannt. Der Körper entspannt sich … Der Körper entspannt sich … Der Körper ist völlig entspannt, als ob der Körper nicht da wäre. Lass los … Der Körper entspannt sich … Der Körper entspannt sich … Der Körper entspannt sich … Der Körper ist entspannt …

Jetzt entspannt sich auch das Atmen. Das Atmen entspannt sich … Das Atmen entspannt sich … Das Atmen entspannt sich. Dein Atem darf sich völlig entspannen. Das Atmen entspannt sich … Das Atmen hat sich entspannt.

Auch das Denken beruhigt sich. Das Denken beruhigt sich …

Das Denken beruhigt sich ... Das Denken hat sich beruhigt. Dein Körper ist entspannt, du atmest entspannt, und das Denken legt sich mehr und mehr. Achte jetzt auf jedes Geräusch, das du hörst, lausche ihm innerlich schweigend, bleib voll bewusst. Du brauchst nichts weiter zu tun, als einfach nur zuzuhören. Hörst du, wie still der Abend ist? Hörst du, wie der Wind rauscht? Jetzt hörst du weit weg das brausende Meer; registriere weiter jedes Geräusch ... Du brauchst nichts weiter zu tun, als immerzu weiter die Ohren zu spitzen und zuzuhören.

Höre ... Höre zehn Minuten lang einfach weiter zu, vollkommen schweigsam. Lausche immerzu den Geräuschen der Nacht ...

Lausche immerzu weiter ... Lausche dieser Ruhe und Stille der Nacht. Nach und nach wird es immer stiller in dir werden. Die Gedanken werden immer weniger ... Gleich wird dein Denken stillstehen. Lausche, lausch den Geräuschen der Nacht ... Selbst die leisesten Geräusche wirst du noch hören können ... Absolut hellhörig: das Rauschen des Windes ... Die Existenz macht viele Geräusche – sei still und spitze die Ohren ... Während du lauschst, kommen immer weniger Gedanken. Die Gedanken legen sich ... die Gedanken verstummen allmählich ...

Gleich stehen die Gedanken still ... Hör weiter zu, lausche immerzu den Nachtgeräuschen. Gleich hörst du ganz auf zu denken ... dein Denken steht nach und nach still ...

Lausche der großen Stille der Nacht ... Bald wird nur noch der Wind zu hören sein, werden nur noch die Geräusche der

Nacht zu hören sein. Du wirst verschwinden, du wirst nicht mehr da sein, du wirst dich im Nichts auflösen. Werde eins mit dem Leben. In dir ist es friedlich geworden … Lass dich los. Löse dich auf …

Jetzt herrscht Schweigen in dir … herrscht Schweigen in dir … herrscht Schweigen in dir …

In dir ist es vollkommen still geworden.

6

Liebe ist ein Weg zum Göttlichen

An unserm ersten Tag erwähnte ich, dass ihr dem Leben auch mit stillem Staunen begegnen könnt. Beim Gespräch am zweiten Tag war dann vom Geist überschwänglicher Freude, Lebensfreude die Rede. Heute, am dritten Tag, möchte ich darüber zu euch sprechen, wie wichtig es ist, ein Herz zu haben, das sich ganz und gar dem Leben verschrieben hat.

Der dritte Grundsatz ist die Liebe. Mit der Liebe kann der Mensch eine Stufe erreichen, die er mithilfe von Wissen nicht erreichen kann. Aber wir wissen gar nicht, was Liebe ist. Im Namen der Liebe kursiert so viel Falschgeld, dass wahre Liebe schwer zu erkennen ist. Es ist ein allseits anerkanntes ökonomisches Gesetz, dass Falschgeld die echte Währung auf dem Markt aussticht.

Es gibt in den menschlichen Sprachen kein missverständlicheres Wort als das Wort Liebe. Diese Missverständlichkeit hat alle möglichen Probleme wie Gewalt, Zwist, Streitigkeiten und Kriege verursacht. Darum muss man vor allem verstehen, was dieser Begriff „Liebe" im Grunde bedeutet.

Die Art und Weise, wie wir heute leben, macht jedermann Folgendes klar: Unser ganzes Leben dreht sich offenbar nur um unsern Mangel an Liebe – um unseren Durst nach Liebe, unsere Sehnsucht nach Liebe. Wenn wir uns fragen, was der Wesenskern des Lebens ist, kommt letztlich nur die Liebe dafür infrage. Unser Innerstes wird einzig und allein durch ein Verlangen, ein Gebet, eine Begierde stimuliert – und zwar nach Liebe.

Wenn Liebe unerfüllt bleibt, wenn das Saatkorn der Liebe nicht keimt, dann wirkt das gesamte Leben absurd – verdüstert es sich, scheint es ohne Sinn, sinnlos zu sein. Dass uns das Leben absurd vorkommt, liegt am Scheitern der Liebe. Bei einem Überfluss an Liebe macht das Leben Sinn. Wenn man in der Liebe scheitert, kommt einem das Leben zwecklos vor. Wenn man Glück in der Liebe hat, hat das Leben Bedeutung, ist man erfüllt und dankbar.

Woher dieser Liebeswunsch? Woher diese wahnsinnige Liebessehnsucht? Was ist es, wonach wir suchen im Namen der Liebe, ohne es je zu finden? Unser Leben, all unser Tun und Lassen dreht sich nur um Liebe. Kriege werden aus Liebe geführt. Aus Liebe werden wir reich. Aus Liebe werden wir zu Karrieristen. Selbst Sannyas – aus Liebe gehen wir sogar auf Wahrheitssuche und lassen Heim und Familie aus Liebe im Stich. Sämtliche Lebensregungen haben als Wurzel, als Quelle im Grunde die Liebe.

Alle die Ehrgeizigen, die Erfolgssüchtigen … Wusstet ihr, dass sie nur auf Erfolg aus sind, um etwas zu erreichen, was ihnen durch Liebe nicht gelang? Die Leute, deren Safe vor Reichtum überquillt, die nicht wissen wohin mit ihrem Geld … Wusstet ihr, dass sie mit ihrer unersättlichen Gier etwas erreichen wollen, was sie durch Liebe nicht erreichen konnten? Die Leute, die Krieg gegen ein Königreich führen und es erobern – wusstet ihr, dass sie damit etwas gewinnen wollen, das ihnen in der Liebe durch die Lappen ging? All das Hin und Her des menschlichen Lebens, all diese Kraftakte, all dies Gerenne, aller dieser Kampf und Krampf dreht sich einzig und allein um Liebe. Woher dieses Liebesbedürfnis?

Lasst uns zunächst dieser Frage auf den Grund gehen – und dann wird uns noch etwas klar werden. Wie ich gestern sagte, muss jeder Mensch bei seiner Geburt, wenn er geboren, von seiner Mutter getrennt wird, ganz auf sich gestellt seine persönliche Reise antreten. Eigenständig, mutterseelenallein geht er in diesem kolossalen Universum auf seine Reise. Ein winziger Tropfen springt aus dem Meer in den unendlichen Himmel. Ein winziges Sandkorn löst sich vom Strand des Meeres und weht durch die Luft. Ein Mensch wird von seiner Mutter getrennt – der Tropfen wird vom Meer getrennt und ins grenzenlose All geschleudert. Der Tropfen will wieder ins Meer zurück – das Teil möchte wieder ganz werden. Etwas, das vom Ganzen getrennt, abgetrennt wurde, möchte wieder in ihm aufgehen. Liebe möchte sich mit dem anderen vereinen, möchte mit dem Ganzen eins sein. Liebe erträgt keine Trennung, sondern sehnt sich nach Einheit. Liebe dürstet nur danach, wieder mit dem Ganzen eins zu sein, sich mit dem Ganzen zu vereinen.

Vor allem quält und ängstigt ihn seine Vereinzelung. Der Tropfen möchte ins Meer zurück und wieder eins mit ihm werden. Der Wunsch nach Liebe ist nichts als der Wunsch, eins mit dem Ganzen zu werden: Danach dürstet er, darum fleht er. Hinter seiner intuitiven Gewissheit, Liebe zu brauchen, steckt die Suche nach Einswerdung. Doch egal, wie wir nach ihr suchen, immerzu scheitern wir. Aber vielleicht ja nur deswegen, weil wir uns in der Adresse irren: Statt wahrer Liebe ist längst Falschgeld in Umlauf! Der Mensch sucht auf körperlicher Ebene nach Einswerdung. Euch ist wohl nicht klar, dass diese auf der körperlichen Ebene grundsätzlich ausgeschlossen ist. Auf der körperlichen Ebene kann man unmöglich eins werden. Die Materie besteht leider aus Atomen, und jedes Atom führt sein Eigenleben. Zwei Atome können sich zwar annähern, aber nicht eins werden. Unweigerlich bleibt etwas Luft zwischen beiden, gibt es einen Abstand zwischen ihnen. Atome sind die natürlichen Bausteine der Materie.

Alle Atome sind voneinander getrennt. Wir können uns auf den Kopf stellen, aber aus zwei Atomen kann niemals nur eins werden. Zwischen zwei Atomen ist immer ein Abstand. Egal wie nah sie sich kommen – sie mögen wie eines aussehen –, immer ist ein Abstand zwischen ihnen, sie mögen sich noch so nah sein. Zwischen ihnen ist ein Abstand, und dieser Abstand lässt sich nicht schließen.

Beim Lieben umarmen wir uns, drücken wir einander ans Herz: Zwei Körper umschlingen sich, aber der Abstand bleibt immer da, der Abstand ist unüberbrückbar. Darum weiß jeder, selbst in der engsten Umschlingung, dass er vom andern getrennt ist, nicht nah genug ist, immer noch nicht eins mit ihm ist. Die Körper mögen sich noch so nah sein – die Hoffnung auf Einswerdung bleibt unerfüllt. Was Wunder daher, dass alle körperliche Liebe scheitert. Der Liebhaber kommt sich als Versager vor. Die Person, mit der er einswerden wollte, ist ihm zwar nähergekommen, aber die Einswerdung blieb aus. Ihm ist nicht klar, dass der Körper seine eigenen Grenzen hat. Auf der körperlichen Ebene kann man sich nicht vereinigen. Auf der materiellen Ebene ist jede Einswerdung ausgeschlossen. So, wie die Materie beschaffen ist, bleibt ihr getrennt, bleibt ein Abstand, bleibt eine Lücke.

Doch Liebende erkennen das nicht. Vielmehr meint jeder von beiden, dass sich der andere ihm nicht genug öffnet – und er sich deswegen abgeschnitten fühlt. Der Wunsch, sich mit jemandem auf der körperlichen Ebene zu vereinigen, ist zwar töricht, das aber ist ihnen nicht klar. Jeder meint, sein Partner, der ihn lieben sollte, liebe ihn nicht genug – und deswegen könnten sie nicht eins werden. Also regen sie sich übereinander auf, ohne zu ahnen, dass sie ihre Liebe auf der falschen Ebene ausleben.

Darum sind Verliebte auf der ganzen Welt aufeinander wütend. Eheleute beschimpfen einander. Überall auf der Welt schimpfen

Verliebte aufeinander – nur weil ihr innigster Wunsch unerfüllt bleibt, gescheitert ist. Und alle schieben sich gegenseitig die Schuld in die Schuhe und grollen einander. Und im Grunde nur, weil sie auf der falschen Ebene eins werden möchten.

Uns ist nicht klar, dass Liebe auf der körperlichen Ebene nicht zu finden ist. Aus dieser tieferen Sehnsucht nach Einswerdung heraus, möchten wir den geliebten Menschen besitzen, soll er nur uns gehören, ausschließlich uns – ausnahmslos! Um auf Dauer eins zu werden, wollen wir einander besitzen, ketten wir uns aneinander, halten wir den andern fest im Griff, damit er weder verlorengehen kann, noch entrinnen, fremdgehen oder sich in jemand anders verlieben kann.

Also versuchen Liebende, einander zu besitzen. Sie wollen, dass der andere ihnen gehört, ohne zu erkennen, dass Liebe nichts mit Besitz zu tun hat. Dadurch wächst aber der Abstand nur, verbreitert sich die Lücke. Liebe ist nicht gewaltsam, wohl aber ein Besitzanspruch – der führt zu Feindschaft ... Jemanden besitzen zu wollen ist so, als drücke man ihm die Gurgel zu. Besitz heißt Ketten. Weil ihr den andern liebt, habt ihr Angst, der Abstand zu ihm könnte wachsen. Also bindet ihr ihn immer enger an euch und haltet ihn hinter Schloss und Riegel – in der Annahme, den Abstand zwischen euch zu schließen, dass dann keine Lücke mehr zwischen euch ist. Je mehr ihr euch bemüht, die Lücke zu schließen, desto breiter wird sie.

Dann seid ihr frustriert, seid ihr unglücklich, werdet ihr ängstlich. Wer liebt, bildet sich schnell ein, der andere wisse das nicht zu schätzen und sehe sich daher schon nach jemand anders um. Vielleicht ist er ja auch von dir enttäuscht und sucht bereits nach jemand anders. Dabei ist der Abstand von Natur aus da. Er weiß nur nicht, dass man sich auf der Ebene des Körpers gar nicht vereinigen kann. Ob dieser oder jener Körper, spielt überhaupt keine Rolle: Auf der körperlichen Ebene an sich ist keine Vereinigung möglich. Die Menschheit sucht seit jeher nach Liebe und einer körperlichen Vereinigung, und genau deswegen kommt auf der Welt das Phänomen der Liebe einfach nicht vor.

Wie ich schon sagte: Sobald es um Besitzansprüche geht, also darum, wer wem gehört, ist natürlich die wechselseitige Eifersucht vorprogrammiert. Besitzansprüche gehen mit Eifersucht einher. Dann strotzt die Rose der Liebe vor Dornen, und die Liebe beginnt zu verkümmern. Was Wunder also, dass die Eifersucht eure Liebe verwelken lässt. Noch ehe die Liebe geboren ist, landet sie schon auf dem Scheiterhaufen. Kaum ist sie geboren, wird sie schon eingeäschert. Jeden Tag legen wir unsere Liebe auf den Scheiterhaufen der Eifersucht. Wann immer sich Besitzansprüche melden, kommt Eifersucht auf. Jeder befürchtet, irgendwer könnte ihm die Person wegschnappen, zu der er: „Du gehörst mir" oder „Du bist mein Schatz" sagt. Sobald Eifersucht auftaucht, stellt sich Angst ein, stellt sich Unruhe ein, stellt sich Nervosität ein, und schon bewachen wir unsern Partner mit Argusaugen. Kurz: Es fehlt an nichts, um die Liebe zu töten. Liebe braucht nicht bewacht zu werden. Liebe hat nicht das Geringste mit Eifersucht gemein. Wo Eifersucht herrscht, ist Liebe ausgeschlossen. Wo Liebe herrscht, ist Eifersucht ausgeschlossen. Aber in Wirklichkeit existiert auf dieser Welt überhaupt keine Liebe.

Wenn das Schiff unseres Lebens den Hafen der Liebe erreicht, muss es verstärkt werden – stattdessen zerbricht es. Nun liegt es, das eigentlich als unser Reiseschiff gedacht war, in Trümmern – nur weil wir angefangen haben, auf die falsche Art und Weise zu lieben. Daher möchte ich euch zuallererst darauf hinweisen, dass Liebe auf der materiellen Ebene völlig ausgeschlossen ist. Sie ist unmöglich. Und zwar scheitert sie nicht etwa am „Du und Ich", sondern kommt für die Menschheit, ja das Leben selbst überhaupt nicht infrage. Eine Einswerdung auf der materiellen Ebene ist unerreichbar. Und da dem so ist, finden wir überall nur Niederlagen und Ängste.

Und dann sagen einige religiöse Lehrer auch noch, mit der Liebe sei etwas nicht in Ordnung, es sei schon verkehrt, an Liebe zu denken: „Lehnt das Gefühl der Liebe ab, lasst euch gar nicht erst auf die Liebe ein, wendet euch ganz vom Leben ab, verschließt euch allen Versuchen des Lebens, euch zur Liebe zu führen!" Dies ist noch so ein Irrtum. Die Liebe ist nur daran gescheitert, dass ihr sie in der verkehrten Richtung gesucht habt. Nicht die Liebe ist gescheitert – sondern die Richtung war verkehrt.

Manche behaupten also, dass die Liebe gescheitert sei. Sie sagen: „Kümmert euch nicht um die Liebe, ignoriert sie, haltet eure Liebesgefühle unter Verschluss, belästigt mit ihnen nicht andere. Wehe, wenn sie losgelassen – dann macht sie süchtig. Behaltet sie also für euch, unter Verschluss. Erstickt sie im Keim. Verzichtet aufs Leben. Schlagt euch die Liebe aus dem Kopf!" So denken viele aufgrund ihrer gescheiterten, enttäuschten Liebe – aber nur, weil sie aus Versehen auf der körperlichen Ebene nach Liebe gesucht haben. Das sind die Leute, welche – wie gesagt aus Versehen – der Liebe den Rücken gekehrt haben. Sie genau sind es, welche die Liebe in der falschen Richtung gesucht haben. Doch dass sie nach ihr suchen, ist völlig in Ordnung.

Sie können nicht begreifen, dass nur die Richtung verkehrt war. Sie nehmen an, dass die Suche nach Liebe verkehrt war. So kam die Lehre der Gleichgültigkeit zustande, die der Liebe selber die Schuld gab und sie als Sucht, als Sünde verurteilte, vor der man sich hüten sollte. Sie hatten keine Ahnung, dass uns, wenn die Liebe aus unserm Leben verbannt wird, nichts anderes übrig bleibt, als egoistisch zu werden – und zwar zwangsläufig.

Liebe ist die einzige Substanz, die den Egoismus bezwingt und zerstört. Liebe ist die einzige Substanz, in der sich das Ego restlos auflöst, und zwar spurlos. Wer vor der Liebe flieht, kann nur noch ein Egoist werden. Keine Methode, kein Mittel vermag ihm zu helfen, sein Ego loszuwerden und zu zerstören. Die Liebe führt euch aus euch heraus. Liebe ist die einzige Tür, durch die ihr hinausschlüpfen könnt, um euch zu entgrenzen. Liebe ist eure Brücke zur Grenzenlosigkeit – anders gesagt: zum All, zum Leben. Und alle, die ihre Reise zur Liebe abbrechen, gehen ein, verschließen und verschanzen sich in ihrem eigenen Ich, ihrem eigenen Ego.

Einerseits gibt es also die von der Liebe Enttäuschten, und andererseits die Mönche, traditionellen Sannyasins und *Sadhus* mit ihrem aufgeblähten Ego. Die Suche nach Liebe ist die Suche nach der Einswerdung mit dem All, mit dem Ganzen. Das Ego ist die Folge des Entschlusses, sich abzuschotten und die Suche nach einem Partner aufzugeben.

Der Entschluss besagt: „Ich genüge mir selbst, ich bleibe für mich. Ich bin von meiner eigenen Autorität überzeugt. Ich habe mich damit abgefunden mit mir zu sein." Ein Tropfen hat sich damit abgefunden, dass es nicht möglich oder nicht notwendig ist, im Ozean aufzugehen. Ein Tropfen, der sich in sich selber verkrochen hat, gelangt niemals zur Glückseligkeit. Er ist geschrumpft, ist winzig geworden, ist belanglos geworden. Das Ego verkleinert euch enorm. Die Seligkeit ist nur dem Unermesslichen, dem Schrankenlosen vorbehalten, nicht dem Kleinkarierten, dem Winzigen. Seligkeit liegt im Grenzenlosen, nicht im Begrenzten, im Beschränkten, das unglücklich macht. Nur mit dem Endlosen geht Seligkeit einher. Mit einer Grenze geht ein Ende, der Tod einher. Wo keine Grenze ist, herrscht Unendlichkeit, Unsterblichkeit. Es hält sich für besonders und unterbricht den Fluss, das Verschmelzen, die Selbstauflösung. Es weigert sich, mit dem Ganzen zu verschmelzen …

Ich habe gehört …

Ein Fluss war unterwegs zum Ozean. Er floss zum Meer, so wie alle Flüsse dem Meer entgegenfließen. Was zog ihn an? – seine Hoffnung, mit dem Meer zu verschmelzen, eins zu werden mit ihm; seine Sehnsucht, sich mit dem Ganzen zu vereinigen, seinen Ufern zu entkommen, seine Grenzen loszuwerden; eins zu werden mit dem Meer, das keine Ufer hat. Ein tiefes Verlangen trieb ihn an. Genauso, wie es das Bewusstsein des Menschen eilig hat, mit dem Meer unbegrenzten Bewusstseins zu verschmelzen, wie es die Liebe eilig hat, hatte es auch der Fluss eilig.

Unterwegs tat sich eine riesige Wüste auf, sodass der Fluss nach und nach in ihrem Sand versickerte. Er sträubte sich zwar, wollte sich wehren, war fest entschlossen, die Wüste zu bezwingen … hatte er nicht schon viele Berge und sogar Dörfer überwunden? Stets hatte er gewonnen, und so würde er auch gegen die Wüste gewinnen. Doch dann fing er an zu versickern: Der Wüstensand verschluckte sein Wasser einfach nur immer. An einen Durchbruch war nicht zu denken! Da wusste er nicht mehr weiter und begann zu weinen.

Der Wüstensand sagte: „Hör auf mich! Ich weiß einen Ausweg. Ein Fluss kommt nur durch die Wüste, indem er sich dem Wind anvertraut, indem er im Wind verdampft. Dann hebt der Wind ihn auf seine Schultern und trägt ihn über die Wüste. Kein Fluss überwindet die Wüste, indem er die Wüste bezwingt. Viele Flüsse haben das schon versucht, sind aber versickert. Überlebt haben nur diejenigen Flüsse, die freiwillig verdampften und dem Wind auf die Schultern geklettert sind. Auf die Art haben sie die Wüste überwunden."

Doch der Fluss widersprach: „Du rätst mir zu verschwinden?! Ich denke gar nicht daran!"

Der Wüstensand entgegnete ihm: „Wenn du überleben willst, dann verschwinde. Das ist deine einzige Chance zu überleben."

Es ist nicht bekannt, ob der Fluss den Rat des Wüstensands befolgt hat. Er hat ihn bestimmt befolgt; denn Flüsse sind nicht so dumm wie die Menschen. Er wird auf den Wind geklettert sein. Er wird es geschafft haben. Er wird zu Wolken geworden sein, sich erhoben haben und ins Unbekannte gezogen sein.

Das Ego des Menschen kämpft sich vom Ganzen los und weigert sich, freiwillig zu verschwinden. Je mehr es kämpft, desto weiter entfernt es sich, desto mehr verirrt es sich. Gegen wen kämpfen wir? Gegen unsere eigenen Wurzeln! Was bekämpfen wir? Unsere größere Gestalt. Wen bekämpfen wir? Unsere eigene höchste Instanz. Wir reißen uns los, schotten uns ab, zerstören uns, werden todunglücklich, verzweifeln – um uns vor der Liebe zu retten.

Vergesst nicht: Für mich ist die Liebe ein Hinweis auf unsern Wunsch, mit dem Ganzen eins zu werden. Und es gelingt nur dem, der zu verschwinden bereit ist. Wer nicht dazu bereit ist, geht in eine andere Richtung – in Richtung Ego. Dann will er sich nur noch aufblasen, hart und abgebrüht werden, sich hinter dicken Mauern verschanzen, einen starken Mann markieren.

Liebende scheitern daran, dass sie auf der körperlichen Ebene verschmelzen möchten. Die traditionellen Sannyasins scheitern, weil sie sich für ihr Ego entscheiden. Das Ego ist der Holzweg schlechthin; das Ego stürzt euch ins Unglück. Das Ego ist nur Einbildung. So etwas wie das „Ich" gibt es nicht. Es ist nur ein Wort. Wenn alle Wörter wegfallen und der Mensch zu schweigen beginnt, erkennt er, dass es in ihm kein Ich gibt.

Versucht zu schweigen, immer weniger zu reden, mal einen Tag lang den Mund zu halten, und ihr werdet kein Ich in euch finden. Es gibt kein Ich; es gibt nur die Existenz, es gibt nur eine Wesenheit, aber es gibt kein Ich. Das Ich ist eine menschliche Erfindung, es ist eine Entdeckung des Menschen; es existiert überhaupt nicht – so wenig wie unsere Namen. Kein Kind kommt mit einem Namen zur Welt, doch wir verpassen ihm sofort nach der Geburt einen Namen, damit andere es identifizieren können. Eine Name hat zwar einen Zweck, aber an sich ist er nichts, existiert er nicht. Andere mögen mich bei meinem Namen nennen, aber wie nenne ich mich selbst? Ich nenne mich Ich – das ist der Name, den ich mir selber gegeben habe. Mein Name stammt von anderen, um sich auf mich beziehen zu können. Ein Name existiert so wenig wie das Ich-Gefühl. Wir aber füttern ständig unser Ich und sagen: „Ich brauche Erlösung", „Ich brauche Gott", „Ich brauche Glück."

Aber das Ich ist impotent, weil das Ich selber nicht stimmt, eine Lüge ist. Und eine Lüge vermag gar nichts. Das Ich ist gescheitert – und die Liebe ebenfalls. Es gibt nur zwei Richtungen – die eine führt zur Liebe und die andere zum Ich. Als Menschen haben wir nur diese Wahl: entweder Liebe oder das Ich. Die Liebe ist gescheitert, weil wir sie auf der körperlichen Ebene suchen. Das Ich ist gescheitert, weil es *fake* ist.

Was ist die Alternative? Es gibt eine dritte Möglichkeit. Wir brauchen das Ich nicht in der verkehrten Richtung zu suchen. Liebe ist etwas, das auf der Ebene des Bewusstseins geschieht – und nicht auf der Körperebene. Wenn wir die Liebe auf die Körperebene übertragen, richtet sie sich auf ein Objekt. Wir projizieren unsere Liebe auf jemanden, und wir versuchen, unsere Liebe auf seinen Körper zu lenken. Da der Körper gesehen und berührt werden kann, prallt unsere Liebe ab und an zu uns zurück – ohne vom andern empfangen zu werden.

Wenn ihr wollt, dass eure Liebe zu etwas Spirituellem wird, wenn ihr wollt, dass eure Liebe zu einem Bewusstseinsphänomen wird … wenn euch an einer bewussten Liebe gelegen ist, darf sie nicht auf ein Objekt gerichtet bleiben, sondern muss subjektiv werden. Dann ist Liebe keine Beziehung, sondern wird zu einem Seinszustand.

Eines Morgens kam ein Mann zu Buddha. Er war ganz außer sich. Er beschimpfte Buddha ununterbrochen. Er platzte vor Wut und spuckte Buddha ins Gesicht. Buddha wischte den Speichel mit einem Tuch ab und fragte: „Guter Freund, hast du sonst noch etwas zu sagen?"

Ananda saß neben Buddha und war empört – am meisten störte ihn, was Buddha gesagt hatte. Er sagte: „Was soll das heißen? Der Kerl spuckt dich an und du fragst: ‚Hast du sonst noch etwas zu sagen?'" Buddha sagte: „Ich kann das verstehen. Er ist dermaßen wütend, dass ihm einfach die Worte fehlen. Also brachte er etwas dadurch zum Ausdruck, dass er spuckte. Und da ich das verstehen kann, fragte ich ihn: ‚Hast du sonst noch etwas zu sagen?'"

Der Mann stand auf und ging. Später bereute er. Er konnte die ganze Nacht nicht schlafen. Am nächsten Morgen kam er und bat um Vergebung. Er legte seinen Kopf auf Buddhas Füße, und als er seinen Kopf hob, fragte Buddha: „Hast du sonst noch etwas zu sagen?"

Der Mann darauf: „Herr, gestern habt Ihr dasselbe gefragt."

Buddha erwiderte: „Ich frage dich heute deswegen dasselbe, weil ich meine, dass du noch mehr auf dem Herzen hast." Da Worte es nicht auszudrücken vermögen, teilst du mir etwas mit, indem du meine Füße mit deinem Kopf berührst. Gestern hast du es gesagt, indem du spucktest. Darum frage ich dich: „Hast du sonst noch etwas zu sagen?"

Der Mann sagte: „Nein, Herr, das war's. Ich bin hier, um dich um Vergebung zu bitten. Ich konnte die ganze Nacht nicht schlafen. Mir ging ständig durch den Kopf: „Bisher hat dir Buddha nur Liebe gegeben. Heut habe ich ihn bespuckt, vielleicht wird er mich demnächst weniger lieben?!"

Da musste Buddha lachen. Er sagte: „Ananda, hast du das gehört? Dieser Mann redet wie ein Irrer. Er sagt, bisher habe er stets meine Liebe erhalten, aber da er mir gestern ins Gesicht gespuckt hat, könnte ich aufhören ihn zu lieben. Vielleicht denkt er, ich hätte ihn nur geliebt, weil er mich nicht bespuckt hat. Nun aber, nachdem er's getan hat, müsse meine Liebe aufgehört haben. Du bist verrückt. Ich liebe, weil ich nicht anders kann: Ich kann nur lieben. Ob du spuckst oder schimpfst oder mir deinen Kopf auf die Füße legst – nichts davon spielt eine Rolle. Ich kann nur lieben. Die Flamme der Liebe brennt in mir. Jeder Vorbeikommende wird meine Liebe erhalten. Wenn niemand kommt, wird mein Licht dennoch weiterbrennen. Es ist von nichts anderem abhängig. Es ist meine eigentliche Natur."

Solange eure Liebe auf den andern bezogen ist, sucht ihr auf der körperlichen Ebene nach Liebe – was zwangsläufig scheitert. Wenn ihr das Licht der Liebe in eurem Innern entzündet, ist die Liebe auf keinen andern bezogen; sie ist eure Daseinsweise. Dann seid ihr jetzt so, dann wird euer ganzes Leben zu Liebe. Wenn ihr die echte Münze der Liebe in der Tasche habt, dann wird die Frage, was Liebe ist oder woher sie kommt, überflüssig. Dann ist die Liebe unverursacht. Dann gilt die Liebe nicht mehr diesem und jenem, sondern ist einfach nur Liebe. Wenn sich dir jemand nähert, wird ihm das Licht deiner Liebesflamme zuteil; wenn ein Baum in der Nähe ist, dann dem Baum; wenn das Meer, dann dem Meer; wenn der Mond, dann dem Mond... Selbst wenn weit und breit niemand da ist, der deine Liebe empfangen kann, wird deine Liebesflamme allein vor sich hin brennen, immerzu.

Liebe ist ein Weg zum Göttlichen. Doch das, was wir unter Liebe verstehen – die körperliche Liebe –, führt zur Hölle. Die Liebe ist das Tor zum Irrenhaus. Die Liebe ist das Tor zu allem möglichen Streit und Kampf, zu Gewalt, Wut und Hass. Das ist nicht die wahre Liebe. Während die Liebe, von der ich spreche, der richtige Weg ist, der euch zum Göttlichen führt. Diese Liebe ist auch keine Beziehung, sondern eure Seinsweise. Sie bezieht sich auf niemand anderen als euch selber.

Macht euch mehr mit dieser Art von Liebe vertraut. Es lohnt, sich an diese Art der Liebe zu erinnern. Erstens: Solange ihr unter Liebe eine Beziehung versteht, wird euch die wahre Liebe unerreichbar bleiben. All euer Liebesgerede ist Show. Eure Definition von Liebe ist eine Illusion. Solange eine Mutter dabei an ihre Liebe zu ihrem Sohn denkt oder ein Freund an die Liebe zu seinem Freund … eine Ehefrau an die Liebe zu ihrem Mann … ein Bruder an die Liebe zu seiner Schwester … solange ihr unter Liebe eine Beziehung zu wem auch immer versteht, kann in eurem Leben keine Tür zur Liebe aufgehen.

Vergesst alle Beziehungen. Es spielt keine Rolle, ob ihr jemanden liebt, sondern ob ihr vor Liebe überfließt, rund um die Uhr voller Liebe seid. Ihr solltet von früh bis spät Liebe ein- und ausatmen. Ob ihr schlaft oder erwacht und aufsteht – zu jeder Zeit sollte euer Leben voller Liebe sein. Habt eine liebende Einstellung, gleich einer Blume, die ihren Duft verströmt.

Für wen verströmen die Blumen ihren Duft? Für jeden, der vorbeigeht. Vielleicht beachten die Blumen nicht einmal, dass jemand vorbeigeht. Ihr Duft gilt einem, der sie pflücken könnte, um einen Kranz zu flechten und der Existenz darzubringen. Wem gilt ihr Duft? Niemandem im Besonderen. Er ist Ausdruck der Seligkeit der Blumen. Und was beseligt eine Blume? Aufzublühen und ihren Duft zu verströmen.

Für wen leuchtet eine Flamme? Etwa für jemanden, der sich im Dunkeln verlaufen hat? Oder damit die Leute die Straßengräben besser erkennen? Eine Flamme leuchtet um ihrer selbst willen – und nicht etwa, damit man die Straßengräben besser erkennt. Die Flamme leuchtet, weil dies das Wesen von Licht ist. Ihr Licht ergießt sich wie Regen – weil die Flamme glückselig ist.

Ihr müsst selbst zu Liebe werden. Ob ihr aufsteht, sitzt, schlaft oder erwacht, stets müsst ihr sie ausstrahlen – so wie eine Blume ihren Duft, wie eine Flamme ihr Licht. Wenn dies geschieht, wird eure Liebe zu Andacht werden, wird eure Liebe euch zum Göttlichen führen. Dann verbindet euch die Liebe mit dem Ganzen, mit dem Unendlichen.

Was aber nicht heißt, dass ihr keine liebevollen Beziehungen eingeht. Ihr werdet rund um die Uhr verliebt sein. Ihr werdet euch allem öffnen, aber eure Liebe wird sich nicht mit Beziehungen begnügen. Sie wird über Beziehungen hinaus gehen. Sie wird aus eurer Tiefe sprudeln. Selbst in diesem Zustand bleibt eine Ehefrau eine Ehefrau, ein Ehemann ein Ehemann, ein Vater ein Vater und eine Mutter eine Mutter: Sie wird ihren Sohn weiter lieben – aber weil sie grundsätzlich liebt, nicht weil er ihr Sohn ist. Eine Ehefrau wird weiter lieben; ihre Liebe wird nicht nachlassen – da sie nur lieben kann, nicht weil ein Mann ihr Ehemann ist. In ihr sprudelt die Quelle. Ihre Liebe wird aus ihrem Innern kommen und nach außen fließen; sie ist ihr innerer Seinszustand und stammt nicht von außen.

Zurzeit leben wir mit einer Liebe, die von außen stammt. Daher dieses Gerangel. Alles erzwungene Wachstum führt zu Unglück und Verzweiflung. Doch die Liebe, von der ich spreche, ist etwas vollkommen anderes. Sie entsteht aus sich selbst, sie entsteht auf natürliche Weise. Das Leben fließt über von dieser Liebe, aber diese Liebe ist keine Beziehung.

Ein Sucher darf nie vergessen, dass er zu Liebe werden muss. Nur dann kann er die Reise zum Göttlichen, zur Wahrheit antreten. Nur dann kann er den Tempel des Göttlichen erreichen.

Macht euch also vor allem klar, dass Liebe keine Zweierbeziehung ist. Das ist Etikettenschwindel, das ist missverstandene Liebe. Dann versteht ihr etwas falsch, verwechselt ihr etwas – solltet ihr euch korrigieren, sie mit der richtigen Einstellung angehen. Versucht aber zunächst, die Absurdität der verkehrten Liebe zu durchschauen – die Liebe der Zweierbeziehung, die scheitern muss, euch zur Verzweiflung bringt.

Zweitens prüft bitte, ob in euch überhaupt Liebe entstehen kann. Sie braucht gar nicht nach draußen zu dringen, muss aber in euch entstehen. Das ist möglich: Jegliche Liebe entsteht nur im Innern! Ihre Saat ist in euch angelegt und kann sprießen – doch darauf habt ihr bisher nie geachtet. Ihr wart euer Leben lang auf die Liebe einer Zweierbeziehung fixiert. Ihr habt es bisher nicht für möglich gehalten, dass es eine andere Form von Liebe gibt – und zwar jenseits der gewöhnlichen Liebe.

Wir haben immer versucht, Öl aus Sand zu pressen. Auf die Art ist kein Öl zu gewinnen. Wer versucht, Öl aus Sand zu pressen, hat keine Ahnung von der Saat, aus der tatsächlich Öl zu gewinnen ist! Wir alle wollen Liebe finden, indem wir Beziehungen eingehen. Doch ohne Erfolg – weil es so einfach nicht geht. Das ist vergebliche Liebesmüh, Zeitverschwendung; dort, wo die wahre Liebe entspringt, sehen wir nicht einmal hin. Diese Liebe nimmt die Form eines Seinszustands an. Nur auf diese Weise kann sie entstehen. Wann immer Liebe entsteht, dann nur so. Wie kann sie erzeugt werden, wie kann sie entstehen, wie kann die Saat aufgehen und sprießen?

Merkt euch, was das betrifft, drei Punkte, drei Grundsätze ... Erstens: Geht nach innen, wenn ihr allein seid, und prüft, ob ihr von Liebe überzufließen vermögt, auch ohne dass jemand da ist.

Schaut nach, ob es euch möglich ist, voller Liebe zu sein. Könnt ihr auch allein liebevoll sein? Können eure Augen, wenn ihr allein seid, genauso blicken, wie wenn der geliebte Mensch vor euch steht? Ist es in diesem Alleinsein, dieser Abgeschiedenheit, dieser Leere möglich, dass sich ein Strom von Liebe aus eurem Herzen in den leeren Raum ergießt – ohne ein Gegenüber, einen Empfänger, ein Ziel? Vermag eure Liebe ins Leere zu fließen?

Dies ist es, was ich Beten nenne. Mit gefalteten Händen in einem Tempel zu sitzen und etwas zu sagen, ist kein Beten. Erst wenn ihr allein dasitzt und es euch gelingt, Liebe aus eurem Herzen fließen zu lassen, erst wenn ihr euch nicht scheut, ins Leere zu lieben, ist es Beten. Prüft einmal nach, ob ihr euch ganz allein in eine liebevolle Stimmung versetzen könnt. Ihr wisst, wie es ist, verliebt beisammenzusitzen; setzt euch jetzt mal allein hin und prüft, ob ihr euch in eine liebevolle Stimmung versetzen könnt. Dies ist also das Erste: Damit zu experimentieren, ganz für euch allein dazusitzen und eine liebevolle Stimmung herzustellen – euer Inneres zu erforschen, im Dunkeln zu tappen. Das ist durchaus möglich, das geschieht bereits, das wird geschehen; daran kann gar kein Zweifel sein. Ihr habt es nur noch nicht ausprobiert. Deswegen habt ihr nie darüber nachgedacht. Eine Knospe öffnet sich und verströmt an einem abgeschiedenen Ort ihren Duft. Fangt – an einem abgeschiedenen Ort, ganz allein – den Duft der Liebe ein. Wenn es euch gelingt, in aller Einsamkeit den Duft der Liebe einzufangen, werdet ihr erkennen, dass Liebe keine Beziehung ist – Liebe ist ein Seinszustand, ein Bewusstseinszustand.

Zweitens ... der zweite Grundsatz: Experimentiert mit der Liebe außerhalb der menschlichen Welt. Ihr braucht nur, selbst wenn ihr bloß einen Stein aufhebt, ihn so aufzuheben, als würdet ihr den Stein lieben. Seht einen Berg so an, als wäre er euer eigenes Selbst. Fangt in der Einsamkeit an, anschließend in der außermenschlichen Welt. Seht einen Stein, einen Kiesel, das Meer so an, als wären sie eure Liebsten. Verströmt eure Liebe, so weit das Auge reicht. Selbst wenn ihr einen Stuhl berührt, streichelt ihn, als wäre er eure liebste Person.

Warum in der außermenschlichen Welt? Weil jeder Mensch, den ihr liebt, eure Liebe erwidert. Sobald eine Erwiderung empfangen wird, setzt eine Beziehung ein, schlägt sie Wurzeln. Wenn ihr jedoch einen Stein berührt, kommt keinerlei Erwiderung. Wenn ihr das Meer mit Liebe betrachtet, wird das Meer sie nicht erwidern. Es wird euch nicht um den Hals fallen und sagen: „Ich liebe dich auch!" Es wird sich nicht rühren; eure Liebe bleibt unerwidert. Jede Antwort bleibt aus. Du liebst es, und damit hat sich's. Wenn du eine Antwort erwartest, befreit deine Liebe dich nicht, sondern bändelt an. Wenn du einen Menschen unerwidert liebst, bist du enttäuscht und unglücklich, bist du verzweifelt.

Je öfter ihr eine unerwiderte Liebe erlebt, desto besser. Und am ehesten erlebt man eine unerwiderte Liebe in der außermenschlichen Welt. Es ist nicht leicht, mit einem Menschen zu experimentieren; dafür aber mit einem Baum, dafür aber mit einem Stein, dafür aber mit dem Meer. Erweist also all diesen Dingen auf der Welt eure Liebe. Ohne etwas zu erwarten – Erwartungen sind von vornherein ausgeschlossen: Ihr rechnet mit keiner Erwiderung. Die bleibt aus, ihr liebt einfach nur weiter, und dann geht euch plötzlich ein Licht auf: „Aha, man kann Liebe auch schenken, ohne eine Erwiderung zu erwarten! Es gibt eine Liebe, die schenken will statt zu fordern! Du schenkst Liebe und willst nichts zurückhaben!"

Das Beseligende an der Liebe ist das Geben, nicht das Empfangen. Dieser zweite Punkt dürfte euch klar sein – dass Liebe gibt statt zu fordern, dass sie keine Erwiderung erwartet, dass sie nicht erwidert zu werden braucht. Du hast dem Meer deine Liebe geschenkt und das Meer hat dein Geschenk angenommen, sei dem Meer dankbar. Der Stein hat es angenommen – danke dem Stein! Von Gegenseitigkeit kann keine Rede sein. Dieser zweite Grundsatz wird euch lehren, die Liebe als einen Seinszustand zu erleben: Ohne Erwiderung keine Beziehung.

Und jetzt der dritte Punkt: der erste ist das Alleinsein, der zweite ist die außermenschliche Welt, und der dritte ist das beziehungslose Einfach-nur-Mensch-sein. Beschränkt eure Liebe nicht auf eure Beziehungen, sondern schickt sie auch Leuten, die ihr nicht kennt – Leuten, die euch nichts angehen, Vorbeigehenden, wildfremden Mitreisenden in Bus oder Bahn, absolut Unbekannten … liebt solche Leute. Ihr fahrt im Bus, und neben euch sitzt irgendwer – liebt diese Person. Liebt Leute, die ihr nicht kennt – Fremde.

Dies ist der dritte Grundsatz: Liebt einen Fremden. Einen Fremden zu lieben ist etwas vollkommen Ungewohntes, eine unbekannte Person zu lieben ist euch vollkommen neu. Wer jemanden liebt, erwartet etwas zurück. So entsteht eine Beziehung. Irgendwer hat dir neulich einen Gefallen getan, also liebst du ihn. Morgen wird er dir wieder einen Gefallen tun, also liebst du ihn. Eine solche Liebe hat mit Profit und Verlust zu tun; hat mit Erinnerungen an früher und Erwartungen an morgen zu tun. Bei einem Fremden ist es reine Liebe – die nichts mit Erinnerungen an früher und Erwartungen an morgen zu tun hat, also keine Absichten hegt. Ihr kennt diesen Menschen ja nicht einmal. Ihr habt keine Ahnung, wohin er in dieser unendlichen Welt morgen verschwinden wird. Der dritte Grundsatz ist, einen Fremden zu lieben, unbekannte Leute zu lieben.

Wenn ihr einen Bewusstseinszustand herstellen möchtet, der euch eure innere Liebe erschließt, dann befolgt diesen dritten Grundsatz. Werdet ihr, wenn ihr einen Stein lieben könnt, das Meer lieben könnt, ganz uneigennützig lieben könnt, nicht auch eure Nächsten, eure Verwandten lieben? – selbstverständlich werdet ihr sie lieben; das versteht sich von selber. Sofern ihr euch an diese drei Grundsätze haltet, werdet ihr sie zwangsläufig lieben. Ihr werdet sie mit eurer Liebe überschütten ...

Selbst diese Liebe wird eine revolutionäre Veränderung erleben. Wer ohne Partner zu lieben vermag, wer einen Fremden zu lieben vermag, dessen Liebesqualität wird sich zwangsläufig verändern. Dann wird eine Mutter ihr Kind so lieben, als ob sie allein wäre, als ob ihr Kind ein Stein wäre und ihre Liebe keine Erwiderung erwartet, oder einen Fremden liebt, der, wenn er am nächsten Tag verschwindet, keinerlei Trennungsschmerz hinterlässt. Eheleute werden einander weiterhin lieben, aber ihre Liebe wird völlig anders sein – nämlich erwartungslos, ohne zu fordern, ohne Eifersucht, Hass, Auseinandersetzungen und Streit. So eine Liebe ist ein reines Geschenk. Im selben Maße, wie dieses natürliche Geschenk ständig zunimmt, wird das Ego ständig schrumpfen und allmählich verschwinden.

Liebe ist der Tod des Egos. Wenn kein Ego mehr da ist, werden wir eins mit dieser Unendlichkeit, verschmelzen wir mit diesem Ganzen, umfängt uns das Göttliche. Wir dürsten nach dieser Einswerdung; wir rennen ununterbrochen rum auf der Suche nach ihr, aus Sehnsucht nach ihr. Der Tropfen ist nicht mehr im Meer; er sehnt sich ins Meer zurück. Das Sandkorn ist in die Luft gesprungen und sehnt sich zum Strand zurück. Genauso möchte sich jeder einzelne, vereinzelte Mensch wieder im Meer des Lebens auflösen. Alles, womit wir es bisher versucht haben, hat versagt. Ob mit missverstandener Liebe oder mit Egoismus – alle beiden Möglichkeiten sind verkehrt.

Was ist die richtige Art von Liebe, die uns dorthin zu führen vermag? Ich habe euch drei Hinweise gegeben. Experimentiert mit ihnen, damit die wahre Liebe – die euch gehört, die euer eigentliches Wesen ist, die euer innerster Lebensatem ist – in euch aufsteigen wird. Danach wird sich eure Liebe auf alles richten, was ihr seht und was ihr hört – werdet ihr alles lieben. Und am selben Tag, da euer ganzes Leben zu eurer, zu eurem Geliebten wird, betretet ihr den Tempel des Göttlichen – nicht eher; niemals eher. Am Tage, da euer ganzes Leben zum Empfänger eurer Liebe wird ... ab jenem Tag stammen sämtliche Botschaften, die ihr bekommt, von der Existenz selber.

Dieses Phänomen wird zwar nicht vom Himmel fallen, steht aber allen offen, die diese innere Fähigkeit entwickeln, die die Türen ihres Innersten öffnen, die zutiefst aufmachen, die ihre innere Blume aufblühen lassen.

Dies ist der dritte Grundsatz: Füllt euer Herz mit Staunen, geht auf im Saft des Lebens, seid voller Liebe. Lasst dann diese drei Stufen hinter euch und seht einfach nur zu, was geschieht. Der Mensch kann einen unbegrenzten Schatz zurückfordern. Er kann ewige Seligkeit erlangen, aber stattdessen führen wir ein sinnloses Leben und lassen uns zerstören.

Zum Schluss eine kleine Anekdote. Danach beginnt unsere Morgenmeditation.

Ein Bettler saß in der Hauptstadt seines Landes immer am Straßenrand. Dort bettelte er zwanzig, fünfundzwanzig Jahre lang, bis er irgendwann starb. Am liebsten wäre er ein König geworden. Welcher Bettler wünscht sich nicht auch, König zu werden? Sein Leben lang hatte er mit offenen Händen gebettelt, aber wie soll einer, der immer nur bettelt und lauter Pfennige sammelt, je König werden? Je mehr er sich ans Betteln gewöhnt, desto mehr wird er zum Bettler – zum König der Bettler. Anfangs war er nur ein kleiner Bettler, aber nach einem Vierteljahrhundert war er zu einer Berühmtheit der Hauptstadt geworden – nur zum König konnte er nicht werden. Er starb also. Der Tod ist nicht wählerisch: der Tod holt Könige wie Bettler. Im Grunde genommen ist ein König nur ein gigantischer Bettler, so wie ein Bettler ein kleiner König ist. Gibt es einen anderen Unterschied?

Als der Bettler starb, wollte man seine Leiche loswerden. Wie erwartet, war der Winkel, wo er fünfundzwanzig Jahre lang gehaust hatte, ein Dreckloch, zertrampelt und verwahrlost – ein einziges Chaos aus Töpfen und Utensilien. Also wurde alles leergeräumt. Dann bemerkte jemand: „Selbst den Fußboden hat er in so langer Zeit versaut, lasst uns hier also umgraben, den Dreck wegwerfen und alles saubermachen!"

So ist das, sobald jemand tot ist – so springt man nicht nur mit Bettlern um. Den lieben Angehörigen ergeht es genauso. Der Boden wurde nicht nur umgegraben, sondern man hob auch ein Loch aus. Doch dabei kam etwas zum Vorschein, was die ganze Stadt in Staunen versetzte. Ganze Massen strömten herbei, um den Fund zu begutachten: Unter der Stelle, wo der Bettler gesessen hatte, lag ein riesiger Schatz vergraben! Jeder sagte: „Dieser Narr! Hat sein Leben lang immer nur gebettelt und einen ganzen

Schatz in großen Töpfen unter sich vergraben! Und der Idiot hat weiter gebettelt … Töpfe voller Diamanten und Juwelen, ja sogar Goldmünzen!"

Er hätte ein König werden können. Aber nie rührte er den Schatz unter seinem Sitzplatz an. Mit ausgestreckten Händen hat er just die Leute angebettelt, die andere anbettelten – und die ihre Schätze ebenfalls nur unter sich vergruben, ohne sie anzurühren. Sie wollten ihren eigenen Boden nicht ausgraben. Die Leute aus der Stadt sagten: „Er war ein richtiger Pechvogel!"

Zufällig war ich auch in jener Stadt zu Besuch, mischte mich unter die Leute und sagte zu ihnen: „Macht euch keine Gedanken über diesen Pechvogel. Grabt bei euch selber nach, in eurem eigenen Haus, ob dort etwa ein Schatz vergraben liegt?"

Ich weiß nicht, ob die Leute jener Stadt auf mich gehört haben. Ich möchte euch jedenfalls dasselbe sagen: Grabt unter euch selber nach. Grabt dort, wo ihr steht. Ich versichere euch: Der Schatz ist unweigerlich da. Aber wir alle sind Bettler. Wir können es nicht lassen, woanders zu betteln. In uns liegt ein ungeheurer Schatz an Liebe, wir aber betteln andere um Liebe an. Die Ehefrau bettelt ihren Mann um Liebe an. Der eine Freund fleht den andern an: „Bitte liebe mich!" Der eine Bettler bettelt einen andern Bettler an – was Wunder, dass es mit der Welt bergab geht. Niemand kümmert sich um den Schatz, der genau unter seinen Füßen begraben liegt.

Ich habe euch ein paar Ratschläge gegeben, wie ihr in euch selber nachgraben könnt. Grabt ihn aus – den unermesslichen Schatz an Liebe, der dort liegt. Nur indem er gräbt, entdeckt der Mensch den göttlichen Schatz. Es gibt keinen anderen Weg, es hat nie einen anderen Weg gegeben und es kann auch keinen anderen Weg geben. Dies ist mein letztes Wort zum dritten Grundsatz.

Lasst uns jetzt mit der Morgenmeditation beginnen. Bevor es losgeht, habe ich euch noch etwas mitzuteilen ...

An den letzten drei Nachmittagen habe ich zwischen halb vier und halb fünf Fragen beantwortet. Ich sprach, und die einen hörten zu, andere aber nicht. Manche, die zuhörten, haben mich verstanden, während manche, die auch zuhörten, mich nicht verstanden haben.

Wörter haben ihre Grenzen, sie können nicht alles sagen. Wörter können nur das Sichtbare ausdrücken – das, was sich erfahren, worauf sich hinweisen lässt. Aber Hinweise können auch in die falsche Richtung zeigen.

Deswegen werden wir uns heute Nachmittag ohne Worte verständigen. Wir setzen uns gleich zu einer stillen Kommunikation zusammen. Ich komme um halb vier her. Kommt bitte auch und nehmt schweigend Platz. Während einer Stunde werden keine Worte gewechselt, werden wir einfach nur schweigend dasitzen. Ich werde etwas kommunizieren, und wer die Ohren spitzt, der wird etwas hören, ja verstehen können. Aber durch das gesprochene Wort wird nichts vermittelt. Die Sitzung dauert eine Stunde. Sitzt einfach da und genießt. Wer sich hinlegen will, kann sich hinlegen. Wer sich an einen Baum lehnen möchte, kann das tun. Wer seine Augen schließen will, kann seine Augen schließen; wer sie auflassen will, kann sie auflassen. Es wird lediglich nicht gesprochen, mehr nicht. Ihr werdet hier einfach nur still dasitzen und eine Stunde lang beobachten.

Indem ihr still werdet, mögt ihr etwas hören können, mögt ihr eine Verbindung spüren. Alle Verbindungen, alle Beziehungen im Leben finden nur schweigend statt. Wörter trennen, Schweigen verbindet. Wir üben jetzt also eine Stunde lang, schweigend zu kommunizieren. Stellt euch darauf ein.

Ihr braucht zwar erst um halb vier herzukommen, solltet aber ab halb drei anfangen, euch vorzubereiten. Denn Gedanken bewegen sich. Ein Rad, dass sich zu drehen angefangen hat, wird sich, wenn es angehalten wird, noch fünfzehn, zwanzig Minuten lang von selber weiterdrehen. Hört also bitte ab halb drei mit eurem Geplauder auf, damit um halb vier hier Schweigen herrscht.

Badet am besten vorher. Zieht frische Kleider an, damit ihr eine vollkommen neue Richtung einschlagen könnt. Plaudert beim Herkommen nicht, und auch nicht, nachdem ihr hier angekommen seid. Verhaltet euch so, als wäre sonst niemand hier. Lasst es euch egal sein, ob sonst noch jemand da ist. Nehmt einfach in absoluter Stille Platz.

Wenn Tränen rollen, gestattet euch zu weinen. Wer lachen möchte, möge lachen. Lasst alle Gefühle zu, lasst sie fließen, haltet kein Gefühl zurück, verdrängt es auf keinen Fall. Wer möchte, kann zu mir kommen, sich ein paar Minuten neben mich setzen und danach wieder still an seinen Platz zurückgehen. Bleibt nur zwei Minuten lang bei mir sitzen, nicht länger, damit auch andere herkommen können, wenn sie möchten. Nach einer Stunde werde ich gehen. Danach könnt auch ihr, sobald euch danach ist, aufstehen und gehen, wann immer ihr wollt.

Um Worte zu verstehen, ist nicht so viel Vorbereitung nötig. Ich möchte, dass diejenigen, die mir nach und nach näherkommen, nicht nur Worte verstehen, sondern allmählich auch beginnen, mein Schweigen zu verstehen. Denn alles Wesentliche, das ich euch, ob heute oder morgen, vermitteln möchte, lässt sich nicht mit Worten, sondern nur schweigend vermitteln. Damit alle, die mein Schweigen verstehen können, die Türen zu ihrem Innersten aufmachen, um von mir diese tieferen, wesentlichen Dinge zu empfangen. Es gibt keinen besseren Tempel als Schweigen. Einzig und allein im Boot des Schweigens ist der Ozean der Wahrheit zu überqueren.

Beginnt also, euch ab halb drei still vorzubereiten – mit genau derselben Reinheit, frisch geduscht, in frischen Kleidern – zur inneren Einstimmung. Danach kommt her und setzt euch still hin – offen für alles, was geschehen mag.

Es gibt eine Meditation aus Indonesien namens *Latihan*. Ich habe vor, diese Methode sobald wie möglich in Indien einzuführen. Sie beginnt so: Ein paar Leute sitzen still beisammen. Sie bleiben zunächst so sitzen … Wenn jemand weinen möchte, weint er; wer tanzen möchte, der tanzt. Was sie nach einer einstündigen *Latihan*-Sitzung erleben, ist unglaublich: Sie haben sich losgelassen, sind total entspannt, und was immer geschehen will, geschieht. Wenn sich ihre Hände und Füße bewegen möchten – sollen sie! Wer aufstehen möchte, steht auf. Wer sich hinlegen möchte, tut's. Sie überlassen sich der Existenz.

Was immer geschehen will, geschieht; wenn nichts geschieht, ist das auch in Ordnung. Dies wirkt sich auf das Leben der Leute unglaublich aus; es kann eine Revolution auslösen. Lasst also vollkommen los. Gebt euch in unserer einstündigen Meditation heute Nachmittag restlos hin. Spürt: „Es gibt mich nicht." Lasst eine Stunde lang alles geschehen, was geschieht. Wenn Tränen aufsteigen, lasst sie zu. Sie wollen fließen ... und wegfließen. Mischt euch nicht ein. Wer zu mir kommen möchte, kann herkommen und sich – weil er annimmt, ich hätte ihn gerufen – ein paar Momente lang zu mir setzen. Danach geht er schweigend zurück; es wird nicht geredet. Kommt also bitte um halb vier zurück.

Jetzt also die Morgenmeditation...

Was ich über sie gesagt habe, dürfte euch vorbereitet haben. Geht auseinander; niemand soll einen anderen berühren. Haltet schweigend, ohne zu reden, Abstand voneinander. Trennt euch und nehmt schweigend Platz.

Dies ist unsere letzte Morgensitzung. Niemand weiß, ob wir dieses Meeresrauschen je wieder hören werden, ob wir je wieder unter diesen Bäumen sitzen werden, ob sich dieser Tag wiederholen wird, ob die Sonne morgen Früh wieder aufgehen wird. Genießt also alles hier mit uneingeschränkter Freude, Liebe und Einssein.

Entspannt den Körper, schließt sanft die Augen, schließt sie langsam. Entspannt den Körper. Jetzt gehen wir in Meditation. Lauscht still dem Wind, dem Vogelgezwitscher, dem Brausen des Meeres. Hört leise zu. Hört einfach nur still zu – dieser Sonnenschein, diese Strahlen, diese Windstöße ... Gemeinsam stellen sie eine unglaubliche Chance dar. Verpasst sie nicht. Werdet eins mit dem Sonnenschein, mit dem Wind.

Hört still zu … Ihr braucht nur zu lauschen, und dann wird euer Verstand einfach ruhig und still; einfach indem ihr lauscht, werden sich eure Gedanken legen und schweigen.

Hört zu! Bemerkt, dass auch die Vögel kommen, um hier zu singen. Hört zu! Hört zehn Minuten lang einfach nur zu. Hört zu! Ihr braucht nur zuzuhören, und die Gedanken werden sich legen. Nur indem ihr zuhört, lässt das Denken nach, werden die Gedanken völlig verstummen. Lauscht immerzu weiter… dem Wind, den Vögeln, dem Meer.

Die Gedanken legen sich … Die Gedanken legen sich … Gleich werden sie völlig verstummen. Die Sonne wird weiter scheinen, die schwankenden Schatten der Bäume werden bleiben, der Wind, das Rauschen des Meeres … du aber hast dich vollends aufgelöst.

Lausche immerzu weiter… Nur indem du zuhörst, wird etwas in dir schmelzen und sich auflösen. Bis alles ruhig sein wird. Das Denken beruhigt sich … wird immer ruhiger … wird immer ruhiger … Der Verstand steht allmählich still.

Der Wind ist noch da, doch du, du existierst nicht mehr: Du bist weg, weggeflogen. Der Tropfen hat sich im Meer aufgelöst.

Die Gedanken sind verstummt. Lauscht weiter … lauscht weiter … lauscht weiter.

Lass dich los, lass völlig los. Du denkst nicht mehr … dein Denken ist verstummt … deine Gedanken haben sich ganz gelegt. Der Wind ist da, die Sonne scheint, das Meer rauscht – du bist weg. Lass dich los, löse dich auf.

Das Denken ist verstummt … Das Denken ist verstummt …
Das Denken ist vollkommen verstummt.

Hole jetzt ein paar Mal tief Luft. Hole mehrmals tief Luft und
öffne dann die Augen ganz sanft. Der Friede in dir ist auch
draußen. Öffne sanft deine Augen; schau die Bäume an, schau
die Sonnenstrahlen an – alles, was in dir ist, ist auch draußen.

Die Morgensitzung ist beendet.

7

Meditation ist ein Dauerzustand

Heute geht die innere Reise zu Ende, die wir vor ein paar Tagen begannen. So ist aber auch die Geschichte unseres eigenen Lebens: Was vor Kurzem begann, geht demnächst zu Ende. Bevor wir es ganz begriffen haben, naht das Ende; und im Leben ist alles genauso. Wir sind noch nicht so weit, Adieu zu sagen, aber es muss sein. So wie wir manchmal das Gefühl haben, uns zu früh trennen zu müssen, ist unser Abschied am Ende des Lebens einfach nicht zu vermeiden. Aber man kann Vorbereitungen treffen. Jeder einzelne Augenblick kann so gelebt werden, als stünde uns der Abschied bevor. Nur wer so lebt, als könne er schon im nächsten Moment sterben, vermag die Glückseligkeit, den Nektar des ewigen Lebens zu erlangen.

Ich war einmal auf Reisen …

Es war Monsun und ein Fluss war über die Ufer getreten. Die Brücke stand unter Wasser, und mein Auto musste zwei Stunden lang auf die Weiterfahrt warten – bis das Wasser abgelaufen war. Hinter mir standen zwei weitere Autos. Ich kannte diese Leute nicht, aber offenbar hatten sie von mir gehört. Jedenfalls kamen, als sie mich auf einem Felsen sitzen sahen, ein paar dieser Leute rüber, setzten sich zu mir und sprachen mich an. Wir hatten dort zwei Stunden zu warten, also hatte ich nichts dagegen, mich mit ihnen zu unterhalten. Als der Wasserpegel gefallen war und sie weiterfahren wollten, sagten sie zu mir: „Wir finden ihre Ansichten sehr überzeugend; wenn wir wieder zu Hause sind, müssen wir Sie mal besuchen und Ihre Ratschläge ausprobieren."

Ich erwiderte ihnen: „Man kann nie im Leben wissen, ob man heimkehren wird. Vielleicht kehren Sie heim und ich nicht. Vielleicht kehre ich heim und Sie nicht. Vielleicht kehren wir alle heim, sehen uns aber nie wieder. Alles ist möglich."

Ich erzählte ihnen eine kleine Geschichte, und lachend trennten wir uns. Keiner von uns ahnte, wie relevant diese Geschichte war. Sie ging so: Ein chinesischer Kaiser hatte seinen Großwesir zum Tode verurteilt. Er sollte enthauptet werden. Er traute ihm nicht mehr und steckte ihn ins Gefängnis. Am nächsten Morgen sollte er hingerichtet werden. Einem Gesetz zufolge musste der Kaiser einen Todeskandidaten vor seiner Hinrichtung besuchen und ihm einen letzten Wunsch gewähren. Dies galt erst recht für den kaiserlichen Großwesir, den höchsten Minister!

Also ritt der Kaiser auf seinem Pferd am Abend vor der Hinrichtung zum Gefängnis, band es davor an und ging hinein. Gleich hinter dem Eingang befand sich die Zelle des Großwesirs. Beim Anblick des Kaisers kamen dem Todgeweihten die Tränen. Der Kaiser war überrascht: „Wie, so ein tapferer Mann?! Wie vielen Schwierigkeiten hatte er sich gestellt – und oft auch dem Tod! Wer hätte gedacht, dass er aus Todesangst weinte!" Der Kaiser wollte ihn trösten und sagte: „Du weinst … hast du Angst?!"

Der Mann sagte: „Ich weine ja nicht aus Todesangst; ich weine über etwas anderes."

Der Kaiser fragte: „Was könnte das sein? Rede, und ich werde es regeln. Nur darum bin ich gekommen – um dir deinen letzten Wunsch zu erfüllen."

Er darauf: „Nein, das kannst du gar nicht. Dafür ist die Situation im Moment zu kompliziert. Deswegen hab ich geweint. Vergiss es, da ist nichts zu machen."

Der Kaiser sagte: „Sag es mir trotzdem."

Der Großwesir sagte: „Ich weine nicht, weil ich morgen sterben muss. Der Tod ist für mich kein Thema. Das Leben ist immer riskant, man kann jederzeit sterben. Nein: Ich weine beim Anblick deines Pferdes, das dort vor der Tür steht."

Der Kaiser wunderte sich: „Beim Anblick meines Pferdes? Was hat das Pferd mit deinem Weinen zu tun?"

Der Großwesir begann: „Ich habe die Kunst erlernt, einem Pferd das Fliegen beizubringen. Mein ganzes Leben lang suche ich nun schon nach einem Pferd der einzigen Rasse, der man das Fliegen beibringen kann. Und jetzt, ausgerechnet am Tag vor meinem Tod, steht dieses Pferd vor der Tür. Das Pferd, auf dem du hergeritten bist, ist die Rasse, nach der ich gesucht habe. Deswegen weine ich: Weil ich eine Kunst, die ich erlernt habe, nicht ausüben kann – da ich sterben muss."

Die Gier des Kaisers stieß in den Himmel: Ein fliegendes Pferd! Keiner von sämtlichen Königen und Kaisern der Welt würde sich dann mit ihm messen können. Sofort befahl er, die Ketten des Großwesirs zu lösen. Dann erkundigte er sich: „Wie lange wird es dauern, dem Pferd das Fliegen beizubringen? Und wehe, du willst mich reinlegen!"

Der Premierminister erwiderte: „Es wird ein Jahr dauern. Der Kaiser darauf: „Kein Problem. Sobald das Pferd fliegen kann, wirst du wieder Großwesir. Mehr noch: Zur Belohnung bekommst du mein halbes Reich geschenkt. Wenn es aber nach einem Jahr nicht klappt, wirst du umgehend gehängt."

Der Großwesir ritt auf dem Pferd nach Hause. Es war Abend, aber sein Haus war in Erwartung seines Todes verdunkelt. Seine

Frau, Kinder und all seine Angehörigen weinten. Als er plötzlich vor ihnen stand, trauten sie ihren Augen nicht.

Seine Frau fragte: „Wie hast du es geschafft heimzukommen?" Er erzählte die ganze Geschichte. Da weinte und wimmerte sie erst recht. „Bist du denn übergeschnappt? Du hast keine Ahnung, wie man einem Pferd das Fliegen beibringt. Lügen haben kurze Beine! Und wenn du schon lügen musstest, warum hast du dir nur eine Frist von einem Jahr ausbedungen? Du hättest zehn, zwanzig Jahre verlangen sollen! Ein Jahr ist im Flug vorbei. Und dieses Jahr durchzustehen, ist noch viel unerträglicher, als deinen unmittelbar bevorstehenden Tod zu verkraften. Jeder Augenblick wird uns an deinen baldigen Tod erinnern."

Da lachte der Großwesir und sagte: „Dummerchen, was weißt du schon. Ein Jahr ist bereits eine lange Zeit – selbst ein Augenblick ist eine lange Zeit. Wer weiß, wer inzwischen sterben mag – ich, der Kaiser oder gar das Pferd! Alles ist möglich. Ein Jahr ist endlos."

Und so kam es tatsächlich: Nicht nur er selbst, sondern auch der Kaiser und sein Pferd – alle drei starben noch im selben Jahr. Jenes Jahr erwies sich als endlos. Schon ein einziger Augenblick kann sich als endlos erweisen.

Dies ist die Geschichte, die ich diesen Fremden zum Abschied erzählte. Sie mussten lachen, ich lachte, und wir trennten uns. Sie fuhren über die Brücke; sie hatten ein großes Auto. Keine zehn Minuten später überquerte auch ich den Fluss. Nach etwa zwei Meilen fand ich sie, von denen ich mich zuvor verabschiedet hatte – als Tote. Bei einem Verkehrsunfall waren alle drei auf der Stelle gestorben.

Mein Fahrer sagte zu mir: „In der Geschichte, die du erzähltest, kamen alle drei Hauptpersonen um. Jetzt sind diese drei auch tot. Deine Vorstellungen gefielen ihnen; sie glaubten, sie würden sie ausprobieren, sobald sie daheim wären."

So ist das Leben. Entweder sieht man sich bald wieder – oder auch nicht. Das steht in den Sternen. Der Kaiser konnte sterben, der Premierminister konnte sterben, das Pferd konnte sterben – oder alle drei konnten sterben. Das Leben ist uns völlig unbegreiflich.

Daher möchte ich euch in diesen Abschiedsmomenten Folgendes mitgeben: Kostet jeden Augenblick aus, als wäre er euer letzter. Zum Sucher wird man erst dann, wenn man erkennt, dass jeder Augenblick der letzte sein könnte … So wie morgens ein Tautropfen zitternd an einem Grashalm hängt – ein kleiner Windzug, und der Tropfen kann hinuntergleiten und fort sein – so auch das Menschenleben: Jederzeit hängt es zitternd an einem Grashalm. Jederzeit kann der Tropfen fallen und alles wird vorbei sein. Dieses Leben, das nur einen Moment existiert, dieser Atemzug, der nur einen Moment existiert, dieses Denken und Überlegen, das nur einen Moment existiert, diese einmalige Chance …

Könnte uns diese Chance den Weg zu einem Leben ohne Tod zeigen – zu einem unsterblichen Leben, das ewig währt? Wir dürfen eines nie vergessen: Das, was wir Leben nennen, ist kein Leben, sondern bloß eine flüchtige Chance. Wenn wir wollen, kann aus diesem Leben eine Leiter zum ewigen Leben werden – andernfalls können wir es verfehlen.

Ein Sucher ist jeder, für den dieses Leben nicht der Weisheit letzter Schluss, das Absolute ist. Für ihn ist es eine Chance, weiter nach einem tieferen Leben, einem größeren Leben, einem unsterblichen Leben zu forschen. Lebt jeden Augenblick so, als ob der Tropfen jeden Moment vom Lotusblatt abfallen könnte. Dann gerät jeder Augenblick zur spirituellen Disziplin, jeder Atemzug zur spirituellen Disziplin; dann kommt er jeden Tag, jede Nacht der Transformation seines Lebens ein Stück näher.

Erstens also: Denkt daran, dass das Leben vergänglich ist – damit euer Leben nicht vergeudet wird, sondern seine Erfüllung findet. Und Zweitens: Ich habe euch in den letzten drei Tagen ein paar Tipps zur Meditation gegeben, und ihr werdet den einen oder anderen Hinweis behalten haben. Ein paar werdet ihr auch schon umgesetzt haben. Lasst es damit nicht bewenden; ihr müsst auch in Zukunft damit weitermachen: Nur dann kann die Tür zur Meditation irgendwann aufgehen.

Wir aber sind wie jener Bauer, von dem ihr vielleicht schon gehört habt … Er besaß einmal ein großes Feld und wollte darauf einen Brunnen bauen, zwecks besserer Bewässerung und somit ertragreicheren Ernten. Er begann, den Brunnen auszuheben; doch schon nach ein paar Spatenstichen gab er's auf, da kein Wasser zu sehen war. Er ruhte sich ein paar Tage aus und fing an woanders zu graben, gab aber auch dort nach ein, zwei Metern auf, da sich kein Wasser zeigte. Wieder pausierte er ein paar Tage und versuchte es an einer dritten Stelle, wo sich dasselbe Spiel wiederholte. Und so ging es weiter: Er grub immer woanders, bis er sein ganzes Feld ruiniert hatte, ohne dass ein Brunnen entstanden war. Er verlor alle Hoffnung, setzte sich hin und beweinte sein verwüstetes Feld. Da kam ein Weiser vorbei, sah ihn und fragte, warum er weine.

Der Bauer sagte: „Ich bin müde und erledigt. Ein ganzes Jahr hab ich bei dem Versuch vertan, einen Brunnen zu graben. Jetzt ist das ganze Feld ruiniert, nirgendwo konnte ich Wasser finden."

Der Weise sah sich das Feld an, erkannte die Lage – und lachte. Er sagte: „Du Tropf! Weißt du denn nicht, wie man einen Brunnen aushebt? Statt überall Löcher zu buddeln, hättest du an ein und derselben Stelle immer tiefer graben sollen – dann wärst du längst auf Wasser gestoßen. Du aber hast immer gleich nach ein paar Spatenstichen aufgegeben und woanders angefangen. Auf die Weise kommt kein Brunnen zustande."

Meditieren heißt, in uns selbst einen Brunnen zu graben. Meditieren heißt, immer tiefer zu graben, bis wir auf die verborgene Wasserquelle in uns stoßen – bis wir die Flamme finden, bis wir das Leben finden, bis wir auf das Göttliche stoßen, das in uns verborgen liegt. Wir aber graben immer nur ein bisschen, und das auch nur ab und zu. Verglichen mit uns, war jener Bauer intelligent; er hat wenigstens ein paar Fuß tief gegraben. Wir dringen nicht einmal unter die Haut. Nicht einmal so tief graben wir, bevor wir aufgeben. Ein Jahr oder zwei später fällt es uns wieder ein, dann graben wir wieder ein bisschen und machen dann wieder schlapp.

Auf diese Weise vertrödeln wir unser Leben, ohne auf dem Feld unseres Lebens einen Brunnen zum Göttlichen gegraben zu haben. Wenn der tatsächlich entstehen soll, ist Ausdauer und Mühe erforderlich, müssen wir pausenlos weitergraben, bis wir unser Bewusstsein angezapft haben – immer an ein und derselben Stelle. Dann stoßen wir mit Sicherheit auf das, was in uns angelegt ist – unsern Schatz, der uns von Geburt an zusteht. Die meisten Menschen stellen sich dumm an: Sie kommen hierher zum Meditations Camp, und kaum sind sie wieder daheim, meditieren sie vielleicht noch ein, zwei Tage – und dann lassen sie's wieder bleiben.

Es bringt nichts, ein oder zwei Mal zu meditieren. Ihr habt schlechte Gewohnheiten und habt von Geburt an falsch gelebt. Eure falschen Vorstellungen haben euch verwirrt. Ein Tag oder zwei reichen einfach nicht; ein oder zwei Spatenstiche reichen einfach nicht. Das Wasser befindet sich deswegen so tief unten, weil ihr unzählige Schmutzschichten, unzählige Geröllschichten darüber gelegt habt. Das Wasser hat sich tief nach unten zurückgezogen. Ihr werdet den Schmutz wegräumen müssen, das Geröll wegschaffen müssen, ihr müsst immer weiter graben – dann vielleicht … nein, nicht vielleicht: Dann stoßt ihr mit Sicherheit auf eure inneren Wasserquellen. Wer nicht auf sie stößt, lebt durstig und verdurstet. Wer auf sie stößt, kommt in den Genuss ewiger Zufriedenheit.

Achtet als Zweites also darauf, dass ihr, wenn ihr abreist, das, was ihr hier gelernt habt, nicht zurücklasst sondern mitnehmt. Fahrt Tag für Tag fort, damit nach und nach immer mehr zu experimentieren. Grabt euren Brunnen Tag für Tag immer etwas tiefer. Keiner, der je gegraben hat, ist gescheitert. Das Wasser mag sich in ungeheurer Tiefe befinden, unter Massen von Dreck und Geröll, aber das Wasser ist zweifellos in euch. Der Abstand mag noch so groß sein – das Wasser ist zweifellos da. Oft kommt es vor, dass ein Sucher an einer Stelle aufhört zu graben, wo die Quelle gar nicht mehr weit war – ganz nah!

Als man in den Bergen von Colorado erstmals Goldadern fand, eilten aus aller Welt gierige Leute herbei. Das Gold lag überall verstreut, in Felsen und Kieselsteinen. Mit einem kleinen Stück Land wurde man über Nacht Millionär.

Da dachte sich jemand: „Warum nur ein Stück Land kaufen?" – und erwarb einen ganzen Berg. Er ließ sündhaft teure Maschinen kommen und begann Gold zu graben. Er grub und grub, grub immerzu weiter, doch stieß nirgends auf Gold – nur Steine und Dreck kamen zutage. Er hatte Millionen investiert, Riesenmaschinen angeschafft … Selbst kleine Investoren waren auf ihrem winzigen *Claim* schon nach kurzer Suche und ohne viel Aufwand reich geworden. Und dieser Krösus hatte all sein Geld investiert – und es verspielt. Auf seinem riesigen Stück Land war keine Spur von Gold zu finden.

Also bot er sein ganzes Anwesen zum Verkauf an, mitsamt allen Maschinen, Werkzeugen und sonstigem Zubehör – für mindestens fünfzigtausend Dollar. Seine Angehörigen protestierten: „Wie kannst du glauben, dass irgendwer so verrückt ist, deinen Berg zu kaufen? Alle hier wissen doch, dass du ruiniert bist und nicht eine Unze Gold gefunden hast. Wer wirft dafür fünfzigtausend Dollar aus dem Fenster?"

Der Mann erwiderte: „Ich gebe die Hoffnung nicht auf, irgendwer wird sich schon finden." Und tatsächlich: Ein Käufer fand sich. Dem rieten auch seine Angehörigen ab: „Bist du verrückt? Wie kannst du den ruinierten Laden eines Bankrotteurs übernehmen? Dort ist nichts zu finden!"

Doch der Mann sagte: „Man weiß nie. Vielleicht befindet sich das Gold nicht da, wo er gegraben hat, aber dafür ja woanders. Es gibt ja noch genug Land zum Durchgraben." Er blieb stur und kaufte den Berg. Gleich danach, schon am ersten Tag des Schürfens, geschah das Wunder: Man stieß auf eine Goldader. Und zwar keinen halben Meter unter der vorherigen Grabung. Der alte Besitzer hatte einen halben Meter davor aufgegeben …

Es kommt oft vor im Leben, dass man an einem Punkt kurz vor dem Ziel aufgibt. Hört also nicht zu früh auf. Wenn ihr schon unterwegs seid, haltet bis zum Schluss durch – mit Mut, mit Hoffnung, voller Vorfreude, mit aller Anstrengung und fest entschlossen. Dringt ganz bis in euer Innerstes vor, bis dahin, wo es nicht weitergeht. Es ist noch nie vorgekommen, dass einer, der so tief in sich gegangen ist, erfolglos zurückkommt. Scheitern wird nur, wer nicht in die Tiefe geht und an der Oberfläche bleibt.

In der existenziellen Dimension gibt es kein Scheitern. Aber einem, der sich nicht von der Stelle rührt, der bockig ist, kann selbst die Existenz nicht weiterhelfen. Wenn wir zwei Schritte auf die Existenz zugehen, ist sie immer bereit, uns vier Schritte entgegenzukommen. Wenn wir ihr die Hand reichen, umarmt sie uns. Wenn wir uns aber von ihr abwenden und einfach stehen bleiben, ist eben nichts zu machen. Selbst wenn wir stehen bleiben und ihr den Rücken zukehren, ist vielleicht immer noch etwas möglich – aber wenn wir kehrtmachen und vor ihr wegrennen, dann ist endgültig Schluss!

Das Zweite ist also: Fahrt fort, euch um Meditation zu bemühen, damit eure Lebenskraft jeden Moment in ihre Richtung fließt, eure Andacht sich ihr jeden Tag zuwendet. Nehmt euch jeden Tag eine Stunde oder zwei, um mit euch allein zu sein und tief in Meditation zu gehen.

Das Dritte: Keiner weiß, wann das Tor aufgehen wird. Keiner hat eine Ahnung.

Ein Armer fragt einen Millionär: „Wie sind Sie Millionär geworden?" Der erwidert: „Ich hab immer einen günstigen Moment abgewartet, und sobald einer kam, hab ich geschuftet. So bin ich Millionär geworden."

Der Arme darauf: „Das ist verständlich; in jedem günstigen Moment haben Sie geschuftet, und so wurden Sie Millionär. Auch ich will gern schuften, aber wann kommt ein günstiger Moment?"

Der Millionär: „Sobald er kommt, einfach zupacken. So hab ich's gemacht."

Der Arme darauf: „Auch das ist klar. Aber die Frage ist doch: Wie erkenne ich, wann er kommt? – Er mag nämlich schon vorbei sein, bevor ich ihn bemerke."

Der Millionär sagte: „Du brauchst einfach nur immer zuzu-packen. Sobald es soweit ist, springst du auf und packst ihn beim Schopfe. Wenn du dasitzt und wartest, dass einer vorbeikommt, den du dir schnappen kannst, verpasst du's. Wenn du ständig zupackst, wird irgendwann einer kommen, den du beim Schopfe packst. Nur so geht es."

Es lässt sich weder sagen noch vorhersehen, wann der günstige Moment da ist, mit dem Göttlichen zu verschmelzen. Wann genau diese Tür aufgehen wird, steht in den Sternen.

Als Drittes merkt euch also: Seid jederzeit auf den günstigen Moment gefasst, damit ihr, wann immer er bei euch anklopfen mag, nicht schlaft. Packt ständig zu, damit ihr nicht schlaft, wenn der günstige Moment vor euch steht – oder ihr ihm, wenn er kommt, nicht den Rücken zukehrt.

Es gibt einen Text von Rabindranath Tagore, den er gern vortrug.

Er geht so: Es gab einmal einen riesigen Tempel außerhalb eines Dorfes, mit Hunderten von Priestern. Der Tempel war überaus reich – er hatte goldene Statuen! Von weit, weit her pilgerten die Frommen herbei: Er war ein berühmtes Heiligtum.

Eines Nachts träumte der Oberpriester, Gott habe ihm für den nächsten Tag seinen Besuch im Tempel angekündigt: „Morgen werde ich in deinen Tempel kommen." Am nächsten Morgen teilte der Oberpriester sehr zögerlich allen Priestern mit, er habe geträumt, Gott wolle vorbeikommen, und sie sollten bereit sein.

Erstens war es ein Traum, und der Oberpriester traute ihm selber nicht. „Freilich könnte der Traum ja auch wahr sein ... dann könnte Gott ankommen und wir wären nicht bereit." Also ließ er den ganzen Tempel säubern und schrubben, Weihrauch jeglicher Art wurde angezündet und überall brannten Lämpchen. Der ganze Tempel wurde geschmückt.

Es wurde allmählich spät, aber von Gott keine Spur. Der Abend kam, die Sonne sank, aber nirgends knirschten die Räder seiner Karosse. Alle Priester waren längst erschöpft und begannen zu maulen: „Es war nur ein Traum. Wie konnten wir darauf reinfallen? Wann würden Träume je wahr? Es war zwar kein gewöhnlicher Traum, aber wie könnte sich ein Traum, der Gottes Besuch ankündigt, je verwirklichen?"

Als die Nacht hereinbrach, verschlossen sie die Tempeltore und legten sich schlafen. Die Lampen wurden ausgeblasen und der Weihrauch gelöscht. Es war wohl schon Mitternacht, als eine goldene Kutsche vor dem Haupttor hielt. Die Nacht war finster und mondlos. Jemand entstieg der Kutsche, ging die Tempeltreppe hoch und klopfte ans Tor. Ein Priester erwachte, hörte das

Klopfen und sagte: „Offenbar ist der Herrscher eingetroffen, auf den wir gewartet haben. Offenbar steht der liebe Gott vor dem Tor."

Die anderen Priester riefen: „Ruhe! Leg dich wieder hin. Das ist nur der Wind, da klopft niemand an. Ein Windstoß hat am Tor gerüttelt, da ist keiner; geh einfach wieder zu Bett!" Der Besucher ging wieder die Treppe runter, stieg in die Kutsche und fuhr fort. Wieder war das laute Knirschen der Kutschenräder zu hören, hörte ein Priester das Geräusch der fahrenden Kutsche. Er sagte: „Da scheint eine Kutsche vorbeizufahren."

Wieder schrieen die Priester: „Stör uns nicht! Du brabbelst im Schlaf. Das war nur der Donner, aber keine Kutsche." Als sie am nächsten Morgen aufwachten und die Tempeltore öffneten, brachen alle Priester in Tränen und Wehklagen aus: Radspuren führten bis zur Treppe! Auf den Stufen waren Fußspuren zu sehen. Jemand war zum Tempeltor hochgestiegen; eine Kutsche war dagewesen. Jemand hatte ans Tor geklopft. Sie hatten sich getäuscht. Was sie für einen Windstoß oder Donner hielten, hatte die Ankunft Gottes angezeigt. Sie aber schliefen. Und hinterher weinten alle. Das ganze Dorf kam herbeigeströmt, man wollte den Grund ihres Weinens wissen; sie erwiderten: „Als der Gast, auf den wir unser ganzes Leben lang gewartet hatten, eintraf, war das Tor verschlossen und wir schliefen tief und fest."

Keiner weiß, wann die Kutsche auch vor deiner Tür erscheinen wird … Keiner weiß, wann es an eurer Tür klopfen mag. Doch wenn ihr nicht wach und voll bewusst seid, wird die Kutsche umkehren. Der Gast wird umkehren.

Wenn ihr mich fragt, sage ich: Die Kutsche kommt jeden Tag.

Mal sagen wir, es sei Donner, mal sagen wir, es sei Meeres-rauschen ist, mal sagen wir, es sei ein Windstoß ... mal dieses und mal jenes ... und jedesmal bremsen wir uns. Die Kutsche kommt täglich; jeden Tag hören wir Tritte auf unserer Tempeltreppe, jeden Tag klopft es an unserer Tür; wir aber benennen es mal so und mal so – das tröstet uns und wir legen uns wieder aufs Ohr.

Keiner weiß, in welchem Moment ... macht also aus jedem Moment einen Moment der Aufmerksamkeit, des Bewusstseins, der Meditation. Macht jeden Moment zu einem Moment des Friedens, der Heiterkeit; nur dann können wir, wenn die Kutsche ankommt, wach und aufmerksam sein.

Und umgekehrt: Kaum seid ihr wach und bereit, kommt im sel-ben Moment die Kutsche an. Eure Wachheit gibt den Ausschlag, sie kommt im Morgenglanz eures Erwachens an. Zurzeit halten wir ihre Geräusche für einen Windstoß, für Donner, aber es ist genau umgekehrt. Kaum sind wir friedlich, hellwach und in stil-ler Meditation, verhält es sich genau umgekehrt: Dann klingt der Donner wie das Knirschen der Kutschenräder, fühlt sich ein Windstoß an, als würden euch göttliche Hände streicheln.

Dies also ist der dritte Punkt: Wir müssen ununterbrochen geis-tesgegenwärtig und wachsam sein.

Der vierte Punkt: Meditation ist nicht etwas, das man mal kurz nebenher macht, immer zur festgesetzten Zeit – und damit hat sich's, dann hat man's hinter sich. Meditation ist nicht etwas, das sich damit erledigt, dass man eine halbe Stunde lang daheim oder im Tempel in einem ruhigen Winkel sitzt. Nein: Meditation ist etwas für rund um die Uhr. Setzt euch so wie hier friedlich und still hin; aber sorgt dafür, dass auch am übrigen Tag Stille und

Friede in euch einzieht. Bleibt still – ob ihr unterwegs seid, esst oder in eurem Laden sitzt. Je tiefer, stiller und friedlicher ihr werdet – voller Liebe und Staunen, überwältigt von den Köstlichkeiten des Lebens –, desto mehr wird sich eure Meditation nach und nach über den ganzen Tag ausbreiten.

Ein Meditierer ist einer, der ununterbrochen meditativ ist. Das Leben ist ein unaufhaltsamer, immerwährender Strom. Es geht nicht darum, eine halbe Stunde lang friedlich zu sein – und sich danach dreiundzwanzigeinhalb Stunden lang auszutoben. Wie ist es möglich, dreiundzwanzigeinhalb Stunden lang weltlich zu sein und eine halbe Stunde lang spirituell? Wie ist es möglich, dreiundzwanzigeinhalb Stunden lang ein Idiot zu sein – und danach eine halbe Stunde lang ein Weiser? Wie ist es möglich, dreiundzwanzigeinhalb Stunden lang tot zu sein und anschließend eine halbe Stunde lang lebendig? Der Ganges entspringt im Himalaja ... Wenn er sagt: „Ich bin nur in Kashi heilig; davor und dahinter werde ich unheilig sein!" Wie ist das möglich? Wenn der Ganges an den *Bathing Ghats* in Kashi heilig ist, wird er auch schon in seiner Quelle *Gangotri* heilig sein. Und wenn er in Kashi heilig ist, wird er auch danach heilig bleiben.

Das Leben ist ein ununterbrochener Strom; es gibt keinen Bruch, keine Unterbrechung in ihm. Der Ganges unseres Bewusstseins fließt rund um die Uhr weiter. Es ist nicht möglich, eine halbe Stunde lang religiös und still in Meditation zu sitzen, und in den restlichen dreiundzwanzigeinhalb Stunden alles drunter und drüber gehen zu lassen. Das wäre nichts als Selbstbetrug. In dem Fall vergesst nicht, dass dann nur das wahr sein kann, was am restlichen Tag geschieht – und das, was in der halben Stunde geschieht, offenbar geheuchelt ist. Also wird jene halbe Stunde nur Selbstbetrug sein.

Wenn ihr auf das hört, was ich hier sage, dann lasst es nicht damit bewenden, euch eine Viertelstunde lang mit geschlossenen Augen hinzusetzen. Dies ist nur der Anfang der Aufgabe, nicht ihre Erfüllung. Die Aufgabe ist erst an dem Tag erfüllt, da ihr nicht mehr mit geschlossenen Augen dazusitzen braucht – wenn ein unaufhörlicher Strom des Friedens und der Stille in euch zu fließen begonnen hat – im Sitzen und Stehen, Schlafen und Wachsein.

Diese Kontinuität ist möglich – nur hat man die Menschheit seit drei oder vier Jahrtausenden eine sehr lückenhafte Religion gelehrt. Man hat euch weisgemacht: „Geht in den Tempel, dann seid ihr religiös." Jemand kommt aus dem Tempel nach Hause und meint, nach fünf Minuten Gedankenakrobatik und ein paar Ritualen religiös geworden zu sein. Danach läuft er mit der erhobenen Nase des Heuchlers rum, schaut auf andere herab und denkt: „Diese Sünder werden schnurstracks zur Hölle fahren." Er ist sich sicher, dass er in den Himmel kommt: Schließlich hat er fünf Minuten in einem Tempel oder einer Moschee oder einer *Gurudwara* verbracht.

So billig ist weder das Leben noch die Religion zu haben, und schon gar nicht ist das Göttliche so billig zu haben. Dazu müsst ihr euer gesamtes Leben radikal revolutionieren – von Grund auf. Nach und nach muss der Duft eurer fünfzehnminütigen Übung euren ganzen Tag einhüllen – was gar nicht so schwer ist, sondern sehr leicht. Das erscheint euch nur deshalb schwer, weil ihr euch noch nie darum bemüht habt.

Müsst ihr denn rastlos sein, wenn ihr in eurem Laden sitzt? Läuft euer Laden deswegen besser? Macht ihr dann etwa bessere Geschäfte? Was habt ihr von eurer Rastlosigkeit? Und wirkt es sich etwa positiv, segensreich aus, wenn ihr eure Mahlzeiten hastig runterschlingt? Wer nicht geruhsam speist, hat im Grunde keine Ahnung davon, wie beglückend eine Mahlzeit sein kann. Wer nicht in aller Ruhe ein Bad nehmen kann, lernt nie das Glück des Badens kennen. Wer sich nicht in aller Ruhe ankleidet, lernt nie das Glück kennen, gut angezogen zu sein. Wer nicht in aller Ruhe zu Bett geht, hat keine Ahnung, wie beglückend es sein kann, ruhig und selig zu schlafen.

Bewahrt rund um die Uhr eure Ruhe; und achtet bei allem, was ihr tut, immer darauf, ob ein Strom des Friedens in euch fließt. Wenn ihr nämlich darauf achtet, werdet ihr sehen, dass dieser Strom ständig friedlicher wird.

Aber die Leute bilden sich ein, sie würden ganz zum Schluss, wenn sie sterben, urplötzlich friedlich werden: „Wenn es mit uns zu Ende geht, werden wir schon friedlich werden; im Moment ist das aber noch unnötig." Und es gibt Lügner, die Geschichten erzählen, die alle kennen: Wie die, dass man, wenn man sterbend nur ein einziges Mal den Namen Gottes ausspräche, schon alles vergeben sei. Der Mensch bringt es sogar fertig, Gott betrügen zu wollen.

Irgendwelche Schlauköpfe haben sich Geschichten ausgedacht wie die von dem sterbenden Vater, der laut nach seinem Sohn ruft: „Narajan!" – Gott jedoch hätte geglaubt, er sei gemeint! Weshalb der Tote sofort in den Himmel gekommen sei – obwohl er doch nur seinen Sohn beim Namen gerufen hatte! Selbst der Sohn hatte nicht missverstanden, wohl aber Gott! Auf was für Geschichten wir kommen können ... Man rufe Gott im Sterben nur ein oder ein paar Mal beim Namen, und alles wird gut ... Reiner Selbstbetrug.

Ich habe gehört …

Ein Mann lag im Sterben. Priester und andere Scheinheilige hatten sich versammelt und sangen Mantras, rezitierten die Gita. Der Mann lag im Sterben, sie aber trugen ihm die Lehren der Gita vor und drängten ihm ihre Mantras auf… um sicherzustellen, dass er in den Himmel kam!

Es war Abend, die Sonne ging eben unter. Alle Angehörigen hatten sich um den Sterbenden versammelt. Er schlug die Augen auf und fragte: „Wo ist mein ältester Sohn?"

Das rührte seine Frau, die neben ihm stand, zu Tränen. Nie hatte er nach seinen Söhnen gefragt, immer nur nach den Schlüsseln zum Safe oder nach den Auftragsbüchern und Bankauszügen. Oder Fragen über sein Vermögen, Geldangelegenheiten, sein Ansehen etc. … Er hatte nie gefragt, wo sein Sohn war. So mancher denkt im Wettlauf ums Geld nicht an Liebe. Heute aber, im Angesicht des Todes, wollte er wissen, wo sein Sohn war! Offenbar war in seinem Herzen die Liebe erwacht! Entdeckte er etwa bei seinen letzten Atemzügen die Menschenliebe?

Die Frau sagte: „Keine Sorge, er sitzt dir zu Füßen, er ist hier."
Der Mann fragte noch dringlicher:
„Und wo ist mein Zweiter?"
Die Frau sagte: „Auch er ist hier."
„Und mein Dritter?" Der Mann wollte schon aufstehen.
„Der ist auch hier," sagte die Frau.
„Und wo ist mein Vierter?"
„Der ist auch hier."
Der Mann war jetzt außer sich, und seine Frau hielt das für ein Zeichen, dass ihn die Liebe zu seinen Söhnen dazu bewegte.

Er setzte sich auf und sagte: „Und wo ist mein fünfter Sohn?"
Die Frau sagte: „Beruhige dich: Wir sind alle hier."
Der Mann darauf: „Was soll das heißen? Und wer schmeißt den Laden?"

Seine Frau hatte sich geirrt. Sie glaubte, er verabschiede sich von seinen Söhnen. Dabei wollte err nur wissen, ob der Laden auf hatte oder geschlossen war. Der Ärmste wurde gezwungen, sich Mantras und Lesungen aus der Gita anzuhören, aber er war nicht da: Er war in seinem Laden.

Da gibt es absolut nichts zu lachen. Das ist ganz natürlich, ganz einfach. Zur Zeit seines Todes befindet sich ein Mensch genau dort, wo er sein ganzes Leben lang war. Das ist so klar wie „zwei mal zwei sind vier". Wo du dein Leben lang bist, dort steht dein Bewusstsein in deinem letzten Augenblick. Das Leben ist ein Kontinuum, es geht immer weiter, es ist ein Strom – immerzu ein einziger Strom. Vergesst die Einheitlichkeit dieses Stromes nicht – die unteilbare Gesamtheit des Lebens. Dies ist das Vierte, was ich euch mitgeben möchte: Das Leben ist ein unteilbares Ganzes.

Wenn ihr also Frieden sucht, wenn ihr in Meditation sein wollt, wenn ihr das Reich der Liebe betreten wollt, wenn ihr Tore des Göttlichen öffnen wollt, müsst ihr rund um die Uhr, bei jedem einzelnen Atemzug achtsam sein. Sich mal in Eile fünf Minuten lang hinzusetzen, bringt nichts. Das hat nichts damit zu tun. Religiosität ist nicht ein Teil des Lebens: Religiosität macht Euer ganzes, ungeteiltes Leben aus.

Also zum Schluss das Vierte, das ich euch hiermit kurz vorm Abschied mit auf den Weg gebe: Fahrt fort, immerzu alles zu intensivieren, was euch richtig erscheint; vermehrt und verteilt es auf euren gesamten Tagesablauf. Werdet immer mehr zu dem, was euch richtig erscheint, bis in alle Lebensbereiche hinein, bis alles davon durchdrungen ist. Wenn es euch Tag und Nacht durchdringt, kann die Transformation – das, was ich die Transformation nenne – stattfinden. Dies ist das Vierte. Und zu guter Letzt das Fünfte …

Vergesst diesen fünften Punkt nicht. Er besteht aus zwei Teilen:

Erstens: Die Reise zum Göttlichen verläuft sehr langsam, sehr sanft … sehr geduldig und sehr ruhig. Wer den höchsten Frieden anstrebt, darf weder rastlos sein noch durch die Gegend rasen, sonst kann er das Ziel namens Frieden niemals erreichen. Wer den Frieden erreichen will, muss es geruhsam und geduldig angehen lassen. In der Gesellschaft ist es umgekehrt: Wer dort etwas erreichen will, muss sich auf eine wilde Hatz einlassen – ohne auszuflippen, zu fiebern geht es nicht.

Wer reich werden oder die Welt erobern will – ein Hitler, ein Napoleon, ein Dschingis Khan werden will –, kann dies nicht mit friedlichen Mitteln erreichen, sondern nur durch rastloses Rasen. Er kann sein Ziel nur mit krankhafter Hast, mit fiebernder Eile erreichen; er muss sich abhetzen wie ein Wahnsinniger. Es gibt eine genau entgegengesetzte Welt. Wer die Liebe, Glückseligkeit, Göttlichkeit anstreben will, muss dies völlig friedlich angehen … so wie ein strömender Fluss, der keine Wellen schlägt: Spiegelglatt und leise fließt er dahin, nichts bringt ihn aus der Ruhe …

Zwei buddhistische Mönche wollten einmal einen Fluss überqueren. Beim Sprung ins Fährboot rufen sie: „Schnell! Setz uns über den Fluss!"

Der Fährmann darauf: „Geduldet euch etwas. Es stürmt. Seht ihr nicht diese reißende Strömung? Das Boot ist klein und alt, und ich bin ein Greis. Wenn ich's langsam angehe, kann ich es schaffen. Je mehr ihr mich drängt, desto geringer die Chance anzukommen. Durchaus möglich, dass wir es dann nicht schaffen."

Die Umstände waren so, aber die Mönche waren rastlos, in Eile. Ständig schrien sie: „Schneller! Schneller!" Doch der Alte brachte sie langsam und vorsichtig ans andere Ufer.

Ihre Eile war begründet. Ihr Ziel war ein nahes Dorf, das seine Tore pünktlich bei Sonnenuntergang schloss. Und die Sonne begann schon zu sinken. Andernfalls mussten sie die ganze Nacht in der finsteren Wildnis verbringen. Deswegen hatten die Ärmsten es eilig. Das war ebenso natürlich, wie unser aller Eile ganz natürlich ist.

Wir rennen immer dann, wenn eine Angst dahintersteckt: „Hoffentlich schließt man nicht ab, ehe ich ankomme." Oder die Angst: „Mein Nachbar könnte vor mir da sein!" Es gibt auch noch ganz andere Ängste – alle möglichen Ängste. Also hatten auch sie Angst.

Sie schnappten sich ihre Taschen und ihr Gepäck und stiegen aus. Der eine Mönch war alt und der andere war jung. Sie hatten dicke Wälzer dabei – heilige Schriften – und anderes Gepäck. Bevor sie losgingen, fragte der alte Mönch den alten Fährmann, der sein Boot vertäute: „Was meinst du, ist es noch vor Sonnenuntergang bis zum Dorf zu schaffen?"

Der alte Fährmann sagte: „Durchaus – aber nur, wenn ihr langsam geht. Ihr habt es viel zu eilig. Ohne mich hättet ihr nicht einmal dieses Ufer erreicht. Doch ja: Das Dorf ist vor Sonnenuntergang zu erreichen – wenn ihr langsam geht. Wenn ihr alles überstürzt, bin ich mir nicht sicher."

Sie hielten den Alten für wahnsinnig. Was verplemperten sie auch ihre Zeit mit ihm, der nur dummes Zeug redete: Jeder vernünftige Mensch weiß schließlich, dass man umso früher ankommt, je schneller man geht!

Der Mathematik der angeblich praktischen und vernünftigen Leute zufolge, muss man umso schneller gehen, je früher man ankommen will. Es gibt jedoch auf der Welt auch unpraktische Typen, die raten, möglichst langsam zu gehen, um überhaupt anzukommen.

Also stürmten die beiden los. Der alte Fährmann kicherte sich in den Bart, während er sein Boot vertäute. Die beiden rannten, doch die Sonne begann unterzugehen. Jeden Moment würde die Dunkelheit herabsinken, und bis zum Dorf war es noch ziemlich weit. Der Weg war so uneben und steinig, dass der alte Mönch stürzte, sich die Knie verletzte und blutete. Seine Bücher lagen überall verstreut und ein paar Seiten wehten im Wind ... So ergeht es jedem: Kurz vor der Ankunft fällt man hin, schlägt sich die Knie auf und blutet, und sein Buch ist zerfleddert ...

In dem Moment holte der Fährmann sie ein: Mit seinen Rudern auf den Schultern und ein Lied auf den Lippen. Er sagte: „Hab ich euch nicht gesagt, dass ihr's eventuell schaffen könnt, wenn ihr langsam geht? Wer nicht langsam geht, kommt auch nicht an!" Doch leider war dieser weise Rat umsonst: Es war zu spät.

Der Fährmann war noch am selben Abend im Dorf; der alte

Mönch und sein junger Gefährte jedoch mussten draußen im Dunkeln übernachten. Sie hatten es nicht geschafft, weil der junge Mönch den verletzten Alten Huckepack nehmen musste.

Mein fünfter Rat an euch besagt genau dasselbe: Bleibt gelassen auf eurer Reise zum Göttlichen, lasst sie ganz geruhsam und langsam angehen, ganz friedlich und unaufgeregt, immer einen Schritt nach dem andern. Friedlich, aber hellwach; friedlich, aber fest entschlossen; friedlich, aber ohne Unterbrechung. Soviel zum ersten Teil des fünften Punktes…

Und zu guter Letzt der zweite Teil: Nur wer bis in alle Ewigkeit warten kann, kommt friedlich voran – falls er bereit ist, bis in alle Ewigkeit zu warten und es nicht eilig zu haben, falls er gelassen und anspruchslos ist. Vielleicht habt ihr schon mal beobachtet, wie kleine Kinder ein Saatkorn in die Erde stecken, und es kurz darauf wieder herausholen, um nachzusehen, ob es schon anfängt zu sprießen. Wenn sie sehen, dass es noch so ist wie zuvor, stecken sie's wieder rein – nur um nach einer Viertelstunde wieder nachzusehen. Bei all diesem Hin und Her verliert das Saatkorn seine Fähigkeit zu sprießen. Nein: Geduld und Abwarten.

Folgende alte Geschichte …

Ein alter Mönch saß einmal unter einem Baum, als der Weise Narada vorbeikam. Der Mönch verrichtete mithilfe von Gebetsperlen seine Gebete. Narada sagte zu ihm: „Offenbar machst du schon seit langer Zeit asketische Übungen."

Der Mönch öffnete seine Augen und sagte. „Ja, schon seit Langem. Übrigens: Wie ich höre, bist du regelmäßig im Hause Gottes zu Besuch."

Narada war in jener grauen Vorzeit so etwas wie ein Journalist; er hatte überall Zugang. Alle haben Angst vor Journalisten, sogar die politischen Führer, also dürfte das für Gott kaum anders gewesen sein. Journalisten haben überall Zutritt. Auch Gott hatte Narada gestattet, nach Belieben zu kommen und zu gehen.

Der alte Mönch sagte: „Wenn du Gott das nächste Mal aufsuchst, frage ihn bitte, wie lange es noch dauert, bis ich befreit werde. Irgendwann reicht's; ich hab es satt, diese Gebetsperlen zu zählen. Irgendwie ist das unfair. Sei bitte so gut und richte Gott das aus." Narada sagte: „Gewiss. Ich werde ihn fragen, wie lange es noch dauern wird."

Narada ging fort, und ein paar Schritte weiter stieß er auf einen jungen Sannyasin, der am selben Morgen in Sannyas eingeweiht worden war. Er spielte auf seiner Tambura und tanzte. Nur zum Spaß sagte Narada: „Ich soll Gott eine Frage des alten Mönchs da drüben übermitteln. Möchtest auch du gern wissen, wie lange es noch bis zu deiner Befreiung dauert?" Aber der junge Sannyasin überhörte Narada – er war zu tief in Ekstase. Also ging Narada seines Wegs.

Kurz darauf kam Narada zurück. Er ging zu dem Alten und sagte: „Ich habe Gott gefragt. Du wirst noch dreimal wiedergeboren werden, bevor du frei wirst."

Der Alte warf seine Gebetsperlen zu Boden und sagte: „Das geht zu weit, das ist ungerecht! Leute, die nach mir aufgebrochen sind, haben mich überholt, und ich soll noch drei Leben lang warten? Offenbar haben sich da oben auch schon Bestechung und Vetternwirtschaft breitgemacht. Noch drei ganze Leben – was für eine Ungerechtheit!"

Narada erwiderte: „Mehr weiß ich nicht. Er hat mir nur gesagt, dass du vor deiner Befreiung noch drei Mal leben musst."

Narada hatte zwar auch für den jungen Sannyasin eine Botschaft, wusste aber nicht recht, ob er sie ausrichten sollte. Aber dann entschloss er sich doch dazu. Narada trat zu dem jungen Mann, der nach wie vor singend und tanzend auf seiner Tambura spielte. Er räusperte sich und sagte: „Ich hab Gott dieselbe Frage auch für dich gestellt, und er hat geantwortet: ‚Der junge Mann, der erst heute Sannyasin geworden ist, wird vor seiner Befreiung noch so oft wiedergeboren werden, wie Blätter auf dem Baum sind, unter dem er tanzt.'"

Tränen der Dankbarkeit schossen dem jungen Mann in die Augen, und er rief: „Was! Schon so bald? Bedenke, wie viele Blätter es auf Erden gibt – gemessen daran hat dieser Baum nur ein paar Blätter. So bald? Gott ist sehr barmherzig." Dann fuhr der junge Mann fort, ekstatisch zu tanzen; er sagte sich: „Dann hab ich's bereits geschafft. Wenn ich nur noch so oft wiedergeboren werden muss, wie es Blätter an diesem Baum gibt, dann bin ich bereits angekommen, dann dauert es gar nicht so lange!" Wieder begann der junge Mann ekstatisch zu tanzen – schließlich gab es auf der ganzen Erde noch sehr viel mehr Blätter als auf dem Baum! Und der Geschichte zufolge wurde der junge Mann noch am selben Abend erleuchtet.

Wie kann sich die Erleuchtung von jemandem verzögern, der so bereit ist zu warten, der eine so grenzenlose Geduld hat? Seine Bereitschaft zu warten geriet ihm zur Erleuchtung. Er wurde noch am selben Abend befreit, während er diese Bereitschaft zum Ausdruck brachte. Folglich muss sich der Wahrheitssucher diesen letzten und wichtigsten Punkt vor Augen führen: Er muss bereit sein, so lange zu warten wie notwendig. Dann kann es jetzt gleich geschehen, hier und jetzt. Es kann auf der Stelle geschehen, noch heute Abend – aber nur, wenn ihr bereit seid, endlos lange zu warten.

Die Ungeduld und Eile, es müsse sofort geschehen, ist nichts als Fieber und Wahnsinn. Ein solches Gerenne mag im Wahnsinnsreich der Gesellschaft okay sein, aber in der Friedenswelt der Wahrheit hat es absolut nichts zu suchen.

Dies sind die fünf Punkte, die ich euch zum Abschied mit auf den Weg geben möchte. Verwahrt sie sorgsam irgendwo in euch. Gut möglich, dass sie dann ab und zu in eurem Gedächtnis auftauchen und zu Ergebnissen führen wird. In diesen drei Tagen habe ich euch Vieles mitgeteilt.

Und viele Dinge, die nicht mit Worten gesagt werden können, habe ich euch schweigend mitgeteilt. Ihr habt meinen Worten mit solcher Liebe und Stille gelauscht – dafür bin ich euch äußerst dankbar. Denn wer will schon die Wahrheit wissen? Die Leute fahren bis ans Ende der Welt, um sich belügen zu lassen, aber wer will schon auf die Wahrheit hören? Niemand ist bereit, einfach schon, weil sich euer Leben, indem ihr auf die Wahrheit hört, zu verwandeln beginnt. Wer auf Lügen hört, braucht sein Leben nicht zu ändern. Wer auf die Wahrheit hört, tritt eine neue Reise an. Dann kann er nicht mehr der bleiben, der er bisher war; er muss etwas ändern, denn eine neue Verwandlung steht an.

Drei Tage lang habt ihr meinen Worten gelauscht; dafür bin ich euch überaus dankbar. Zum Schluss entbiete ich dem Göttlichen in euch meine Segenswünsche. Bitte empfangt meinen respektvollen Gruß.

Jetzt werden wir uns zehn Minuten lang zu unserer letzten Abendmeditation hinsetzen. Danach trennen wir uns. Dies ist unser letzter Abend, also rückt auseinander, weg von einander.

Jeder sucht sich seinen eigenen Platz und legt sich hin – ohne zu reden. Schon ein einziges Wort würde die Atmosphäre zerstören. Kein Wort also. Verteilt euch leise – ohne zu reden, ganz still. Rückt auseinander. Rückt noch etwas weiter auseinander.

Ich nehme an, dass ihr jetzt so weit seid und bequem liegt. Redet auf keinen Fall. Entspannt euren Körper vollkommen. Schließt eure Augen. Ich werde euch Suggestionen geben: Erlebt, was ich sage.

Der Körper entspannt sich ... Fühle, wie sich der Körper entspannt und lass ihn sich restlos entspannen ... Der Körper entspannt sich ... Der Körper entspannt sich ... Gestatte dem Körper, sich zu entspannen.

Die Atmung entspannt sich ... Die Atmung entspannt sich ... Die Atmung entspannt sich ... Die Atmung entspannt sich ... Lass zu, dass sich dein Atem entspannt.

Du hörst auf zu denken ... Du hörst auf zu denken ... Du hörst auf zu denken ... Du hörst auf zu denken ...

Dein Körper hat sich entspannt, du atmest ganz ruhig, dein Verstand wird ruhig. Nun, da du ruhig daliegst, lausche weiter den Geräuschen der Nacht. Der Wind macht Geräusche, in der Ferne braust das Meer. Die Bäume schwanken, andere

Geräusche sind zu hören … all diese Geräusche sind die Geräusche der Existenz. Lausche … lausche ihnen. Lausche ihnen immer weiter. Während du lauschst, legen sich deine Gedanken.

Lausche immerzu weiter, zehn Minuten lang … Lausche … lausche den Geräuschen der Nacht, der Einsamkeit der Nacht. Beim Lauschen lassen die Gedanken immer mehr nach. Die Gedanken bleiben weg … die Gedanken werden immer weniger. Du hörst auf zu denken … Die Gedanken legen sich … Lausche immer weiter … Lausche immer weiter … Lausche immer weiter … Gleich ist nur noch der Wind zu hören, sind nur noch die Geräusche der Nacht zu hören – und du wirst verschwinden.

Die Gedanken bleiben weg … die Gedanken werden immer weniger. Du hörst auf zu denken … Jetzt stehen deine Gedanken still. Noch rauscht der Wind, die Geräusche der Nacht sind noch da, das Brausen des Meeres ist noch da … Du aber bist nicht mehr da. Dein Verstand ist jetzt vollkommen still. Tauche so tief wie möglich in diese Stille ein. Dein Verstand steht jetzt still … Dein Verstand steht jetzt still …

Atme jetzt ein paar Mal tief durch … Atme ein paar Mal tief durch und öffne ganz langsam, ganz vorsichtig wieder die Augen. Öffne sie noch im Liegen. Du wirst die Sterne am Himmel sehen, du wirst diese Bäume sehen. Du wirst sehen, dass es draußen genauso still ist wie in dir drin.

Lass die Außenwelt mit der Innenwelt verschmelzen.
Alles, was in dir ist, befindet sich auch draußen. Öffne sanft deine Augen und sieh dich ein wenig um. Schau ein Weilchen

lang unverwandt zum Himmel auf und steh dann, dort wo du sitzt, ganz langsam und vorsichtig wieder auf – leise, ohne zu reden. Wer noch nicht sitzen konnte, kann ein paar Mal tief durchatmen und sich dann langsam aufsetzen. Setz dich ganz, ganz langsam auf, ohne zu reden.

Unsere letzte Abendsitzung ist vorbei.

Aus derselben Serie:

Osho
The Independent Mind
Wenn der Geist ruhig wird, zeigt sich das Leben
190 Seiten, Broschur
ISBN 978-3-942502-68-9

www.innenwelt-verlag.de

Über Osho

Oshos Lehren widerstehen jeglicher Kategorisierung, sie reichen von der persönlichen Sinnsuche bis hin zu den dringendsten sozialen und politischen Fragen, mit denen die Welt heute konfrontiert ist. Seine Bücher wurden aus zahllosen Tonband- und Videoaufnahmen transkribiert. Er hat über einen Zeitraum von 35 Jahren vor einer internationalen Zuhörerschaft stets aus dem Stegreif gesprochen. Er sagte: „Denkt daran, was immer ich sage, ist nicht nur für euch … ich spreche auch für die kommenden Generationen."

Der Londoner *Sunday Times* zufolge zählt Osho zu den „1000 Machern des 20. Jahrhunderts"; der amerikanische Romanautor Tom Robbins hat ihn einmal „den gefährlichsten Mann seit Jesus Christus" genannt. *Sunday Mid-Day* (Indien) hat Osho als einen der zehn Menschen bestimmt, die das Schicksal Indiens verändert haben – wie Gandhi, Nehru und Buddha.

Osho selbst beschreibt sein Werk als „Beitrag, die Voraussetzungen für die Entstehung einer neuen menschlichen Lebensweise zu schaffen". Diesen neuen Menschentypus hat er immer wieder als „Sorbas der Buddha" umschrieben – einen Menschen, der nicht nur wie Sorbas der Grieche die irdischen Freuden zu schätzen weiß, sondern ebensosehr die stille Heiterkeit eines Gautam Buddha. Wie ein roter Faden zieht sich durch alle Aspekte von Oshos Arbeit die Vision einer Verschmelzung der zeitlosen Weisheit des Ostens mit den höchsten Potenzialen westlicher Wissenschaft und Technik. Vor allem seine revolutionären Ansätze zur Wissenschaft der inneren Transformation haben Osho berühmt gemacht. Seine innovativen „aktiven Meditationen" basieren auf dem Gedanken, dass erst der in Körper und Geist angesammelte Stress abgebaut werden muss, um, frei von Gedanken und entspannt, einen meditativen Zustand zu erfahren.

www.innenwelt-verlag.de